彩色
胎蔵曼荼羅

染川英輔

大法輪閣

胎蔵曼荼羅　全図

序

釈尊の仏教は、現在に至る迄の約2500年の間、人種を分かたず、国境を越えて、言葉の壁を突き抜けて伝わり、多くの人々に心の平安を説き続けてきた。その教えは、あたかも清水が砂地に浸み込むように人から人に伝えられ、一条の清らかな流れがやがて長大なうねりとなって流れ、深まり、また支流をも発生しながら岸辺を潤してきた。

日本にもいくつかの大きな波となって新しい仏教が伝わったが、その一つが大同元年(806)弘法大師空海によって伝えられた真言密教である。その広大深奥な教えは、金剛界•胎蔵の「両部曼荼羅」に凝縮されて描かれ、空海によって日本に請来された。この優美で華麗な聖画は、繰り返し描き写されて現在に受け継がれている。

慈雲山曼荼羅寺観蔵院（小峰彌彦住職）の新本堂の左右の壁面を飾る「両部曼荼羅」の制作に着手したのは、昭和59年(1984)私の42歳の時で、当初３年程で完成の予定であった。

しかし模写でなく、次代に繋がる新しい感覚の曼荼羅をと意気込む私は、白描下図に取り組んで筆が止まり、逡巡することになった。それは過去の曼荼羅が描き写されていく中で誤写され、単純化されるなどかなり変容していることを発見したからであった。それを儀軌に則った正しい図像にすべく、自ら密教学者でもある小峰住職他３名の学者達と100回に及ぶ研究会を持った。このような経過の中で次々と図像が誕生し、月刊『大法輪』誌上で連載され、全尊発表されたのである。

白描曼荼羅の完成は昭和62年(1987)、これに解説・真言等を加えて『曼荼羅図典』が刊行されたのは平成４年(1992)のこと。

この下図をもとに、西陣の広瀬賢治氏に新しく織っていただいた絵絹に、まず金剛界曼荼羅が制作された。昭和62年(1987)に開始し、白描・彩色・截金《きりかね》と全て一人で取り組んで８年余、完成公開したのは平成７年(1995)秋、私の53歳のことであった。

この曼荼羅は、『彩色金剛界曼荼羅』として刊行された(平成８年　大法輪閣)。

このような経験を踏まえて、平成９年(1997)５月、私はいよいよ胎蔵曼荼羅の制作に入った。412尊、図像も大きく、尊容は多面多臂で複雑、宝冠•瓔珞《ようらく》などの装身具、持物なども細緻を極める。しかしここにこそ曼荼羅の仏達の真骨頂がある。

昼夜を問わず絵の上に渡した乗板《のりいた》に坐り、一筆一筆、私の全身全霊を注ぎ込んだ。

絵を描くことが私の生の確認だとすれば、この曼荼羅がそれに価するものにならんことを！　私が私の絵に祈りつつ、その奥に仏を感じながら、白描から彩色へと進んだ。昨年夏、仕事は順調に進み、一応完成へのめどが立ってきた。既に17年余の歳月が流れて、新しい世紀の１年目となった。開幕のこの年こそ新しい曼荼羅の誕生に相応しい。

ここに至って私はこれ迄の方針を変えて、他者の力を借りる決心をしたのである。

宝冠などの金泥の塗彩を小峰和子氏他４名に、また羅網《らもう》などの夥しい截金の仕事を、尊敬する仏教美術家•中村佳睦氏と「あさば仏教美術工房」の諸氏にそれぞれ助力をお願いした。私の期待に応えて、さながら多面多臂の仏のごとく、良心的で精緻な仕事がなされ、曼荼羅は美しく荘厳されたのである。携わった方々に篤くお礼申し上げる。私一人でやっていたらあと数年完成が延びていたかもしれない。

かくして胎蔵曼荼羅も完成したのである。時に平成13年(2001)11月18日(日)。同11月23日(金)には開眼法要が厳かに催された。

それにしても着手から17年余、この長い年月の間、常に暖かいご配慮のもと物心両面にわたってご支援下さった小峰彌彦・和子夫妻にここで改めて心からお礼申し上げます。併せて夫妻を支えて下さった檀越の方々、それに私の知るところで、また知らないところで、長い間暖かく力強い励ましを下さった沢山の方々にもお礼申し上げます。

幸いにして、これ迄の努力の全てがここにまとめられ、一冊の曼荼羅として皆様に見ていただけることになった。作者として無上の喜びである。

最後に、長い間お世話になった大法輪閣編集部の本間康一郎氏に厚くお礼申し上げます。

平成13年12月吉日　　　　潮騒を聞きながら　染川　英輔　記

目次

協力／慈雲山曼荼羅寺観蔵院
写真撮影／佐藤　泰司

凡 例

1．本書は「観蔵院曼荼羅」２幅のうちの「彩色胎蔵曼荼羅（絹本着色）」十二院に描かれた全尊図とその制作記録である。

2．各頁（あるいは見開き頁）ごとに掲載尊像の位置を示す配置概念図を入れた。これによって同「院」のどこに位置する尊なのかが一目で確認される。

3．各尊には既刊『曼荼羅図典』（大法輪閣刊）に記載の尊番・尊名を付し、尊名の後の（　）内に同尊の掲載頁を入れた。解説のほか、種字・三形・印相・真言など、より詳しいことを知りたい場合などに活用されたい。

4．十二院の各全体図を除いては、原則として各尊それぞれを原図と同じ大きさ（原寸＝100％）で掲載した。ただし頁内に収まらない大像に限り「縮小した全体図」と「原寸の部分図」を併載した。

5．「制作の記」は、月刊『大法輪』誌に昭和59年４月号から平成７年12月号にかけて連載した「曼荼羅制作の記」、および平成13年12月号・14年２月号掲載の「胎蔵曼荼羅制作の記」を基に、著者が大幅に加筆してまとめた貴重な記録である。

6．付録の「中台八葉院」は原寸大の白描図である。写仏の要領で、本書の彩色を参照しながら彩色中台八葉院を描くのに活用していただければと思う。

中台八葉院

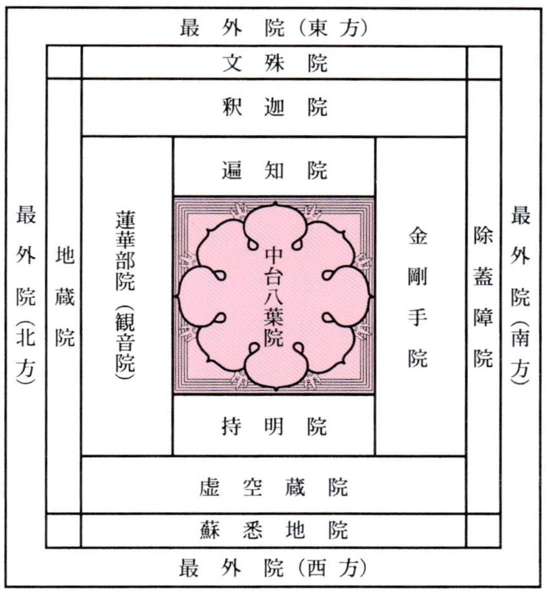

最外院（東方）
文殊院
釈迦院
遍知院
最外院（北方）
地蔵院
蓮華部院（観音院）
中台八葉院
金剛手院
除蓋障院
最外院（南方）
持明院
虚空蔵院
蘇悉地院
最外院（西方）

1．大日如来
2．宝幢如来
3．開敷華王如来
4．無量寿如来
5．天鼓雷音如来
6．普賢菩薩
7．文殊師利菩薩
8．観自在菩薩
9．弥勒菩薩

58%（→次頁100%）

1. 大日如来（*p.29*）

2.宝幢如来（*p.30*）

3. 開敷華王如来（*p.31*）

4.無量寿如来 （*p.32*）

5.天鼓雷音如来（*p.33*）

6. 普賢菩薩（p.34）

7. 文殊師利菩薩（p.35）

8.観自在菩薩（p.36）

9. 弥勒菩薩（*p.37*）

遍知院

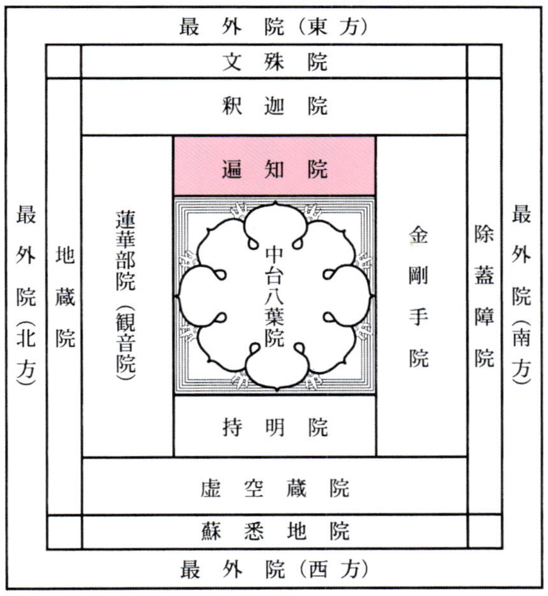
最外院（東方）
文殊院
釈迦院
遍知院
最外院（北方）
地蔵院
蓮華部院（観音院）
中台八葉院
金剛手院
除蓋障院
最外院（南方）
持明院
虚空蔵院
蘇悉地院
最外院（西方）

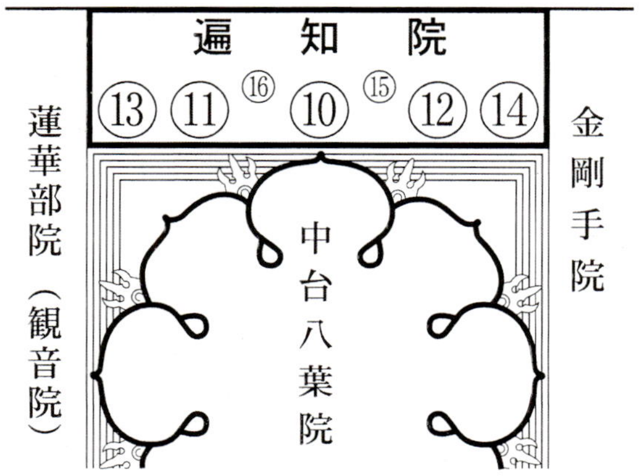

10．一切如来智印
11．仏眼仏母
12．大勇猛菩薩
13．七倶胝仏母
14．大安楽不空真実菩薩
15．優楼頻羅迦葉
16．伽耶迦葉

16. 伽耶迦葉（p.45）

15. 優楼頻羅迦葉（p.45）

10. 一切如来智印（p.40）

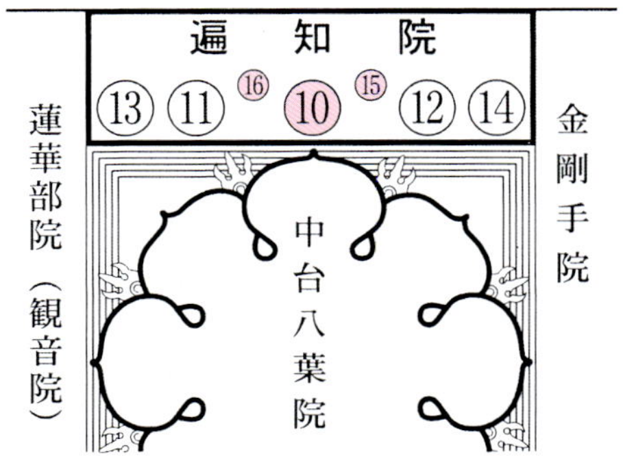

11.仏眼仏母（*p.41*）

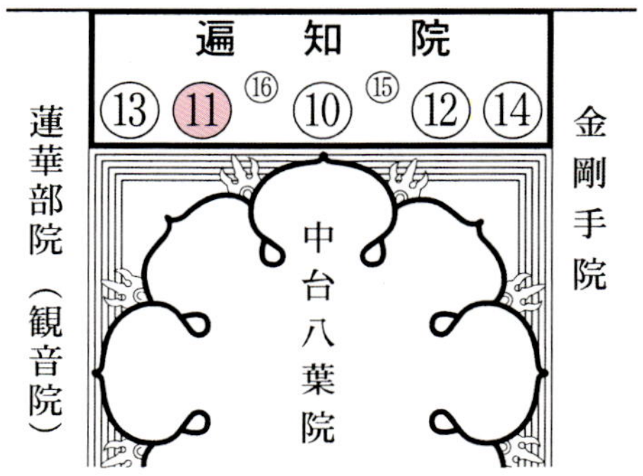

12.大勇猛菩薩（*p.42*）

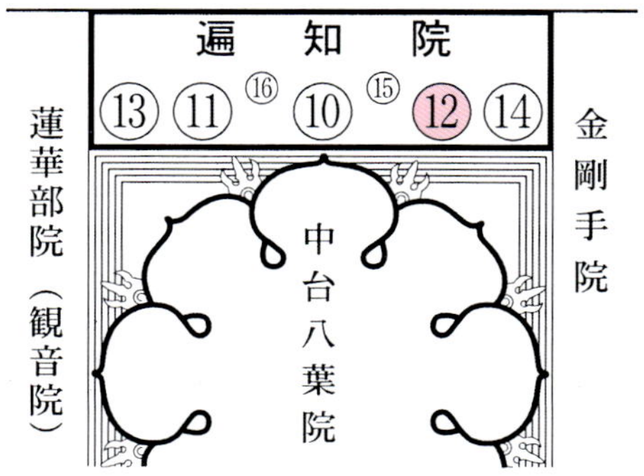

13.七倶胝仏母（*p.43*）

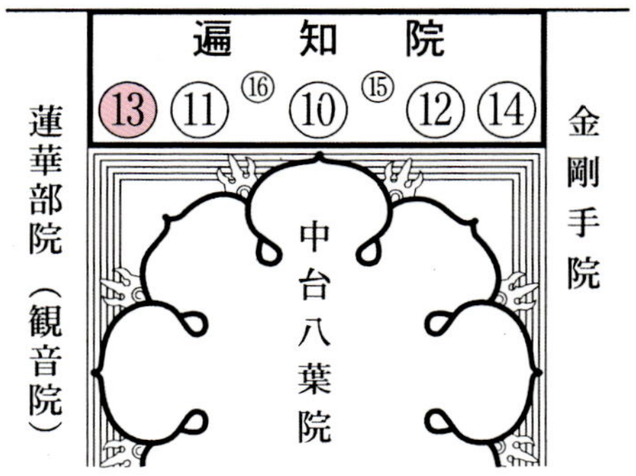

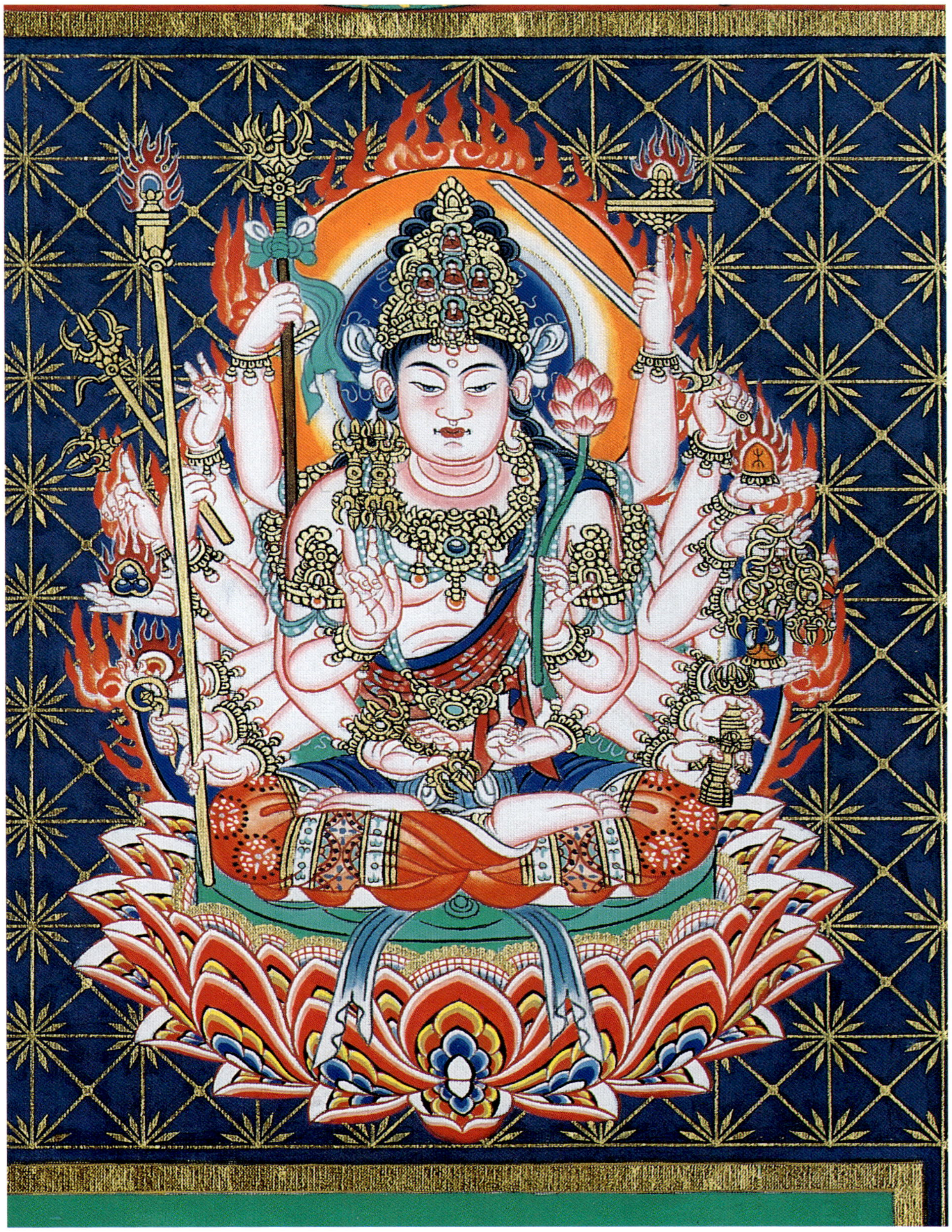

14.大安楽不空真実菩薩（*p.44*）

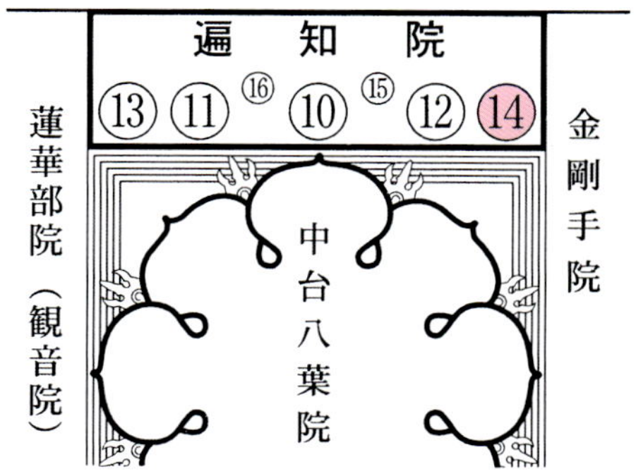

華瓶と五色界道（中台八葉院の左上・右下）

蓮華部院（観音院）

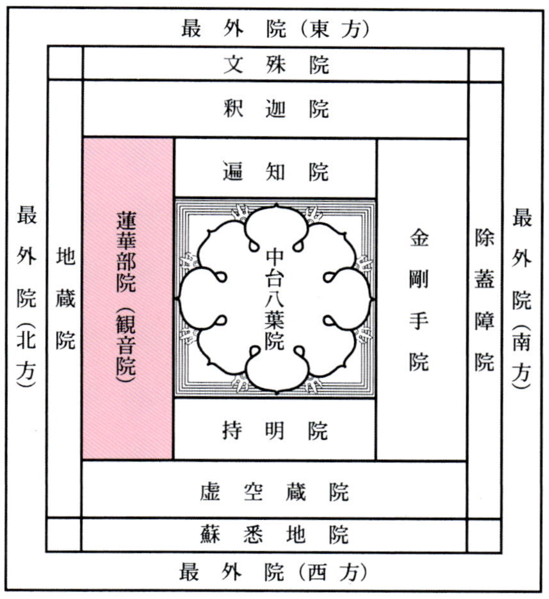
最外院（東方）
文殊院
釈迦院
遍知院
蓮華部院（観音院）
中台八葉院
金剛手院
地蔵院
除蓋障院
最外院（北方）
最外院（南方）
持明院
虚空蔵院
蘇悉地院
最外院（西方）

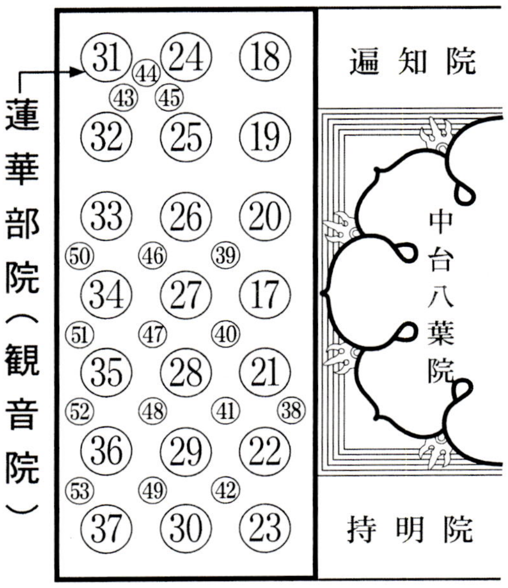

17. 聖観自在菩薩
18. 蓮華部発生菩薩
19. 大勢至菩薩
20. 毘倶胝菩薩
21. 多羅菩薩
22. 大明白身菩薩
23. 馬頭観音菩薩
24. 大随求菩薩
25. 窣観波大吉祥菩薩
26. 耶輸陀羅菩薩
27. 如意輪菩薩
28. 大吉祥大明菩薩
29. 大吉祥菩薩
30. 寂留明菩薩
31. 被葉衣菩薩
32. 白身観自在菩薩
33. 豊財菩薩
34. 不空羂索観音菩薩
35. 水吉祥菩薩
36. 大吉祥変菩薩
37. 白処尊菩薩
（使　者）
38. 多羅使者
39. 奉教使者
40. 蓮華軍荼利
41. 鬘供養
42. 蓮華部使者
43. 〃
44. 〃
45. 〃
46. 〃
47. 宝供養
48. 焼香菩薩
49. 蓮華部使者
50. 〃
51. 〃
52. 塗香菩薩
53. 蓮華部使者

39．奉行使者（p.61）

17．聖観自在菩薩（p.47）

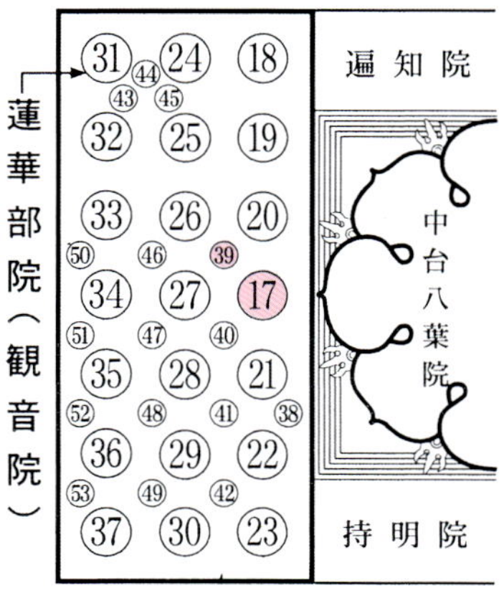

18．蓮華部発生菩薩（p.48）

19．大勢至菩薩（p.48）

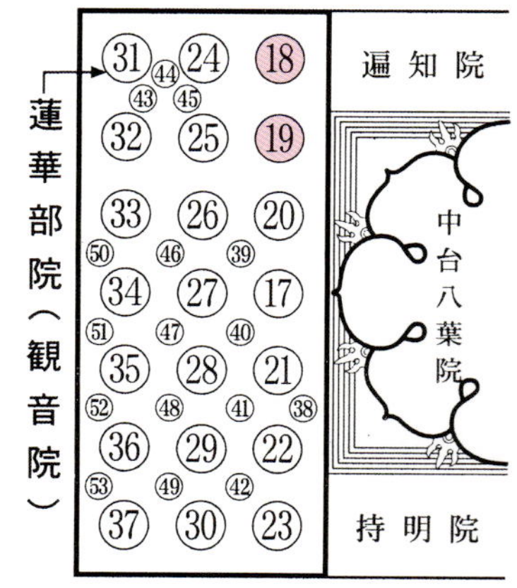

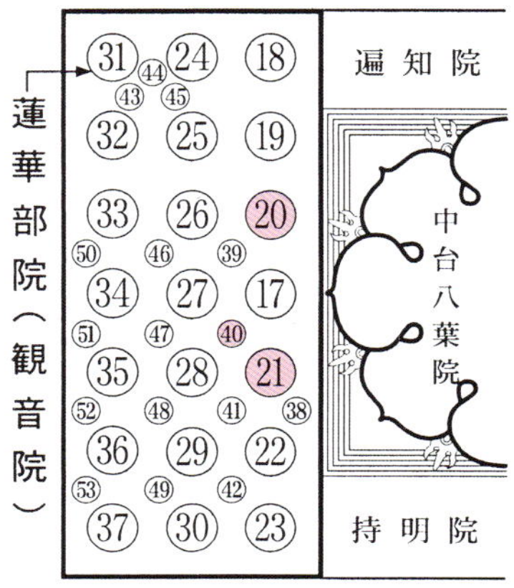

20. 毘倶胝菩薩（p.49）

40. 蓮華軍荼利（p.61）

21. 多羅菩薩（p.50）

41．鬘供養（p.62）

38．多羅使者（p.60）

22．大明白身菩薩（p.50）

42．蓮華部使者（p.62）

23．馬頭観音菩薩（p.51）

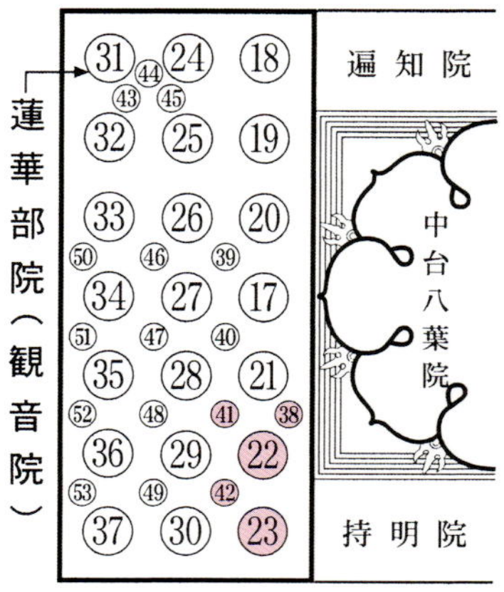

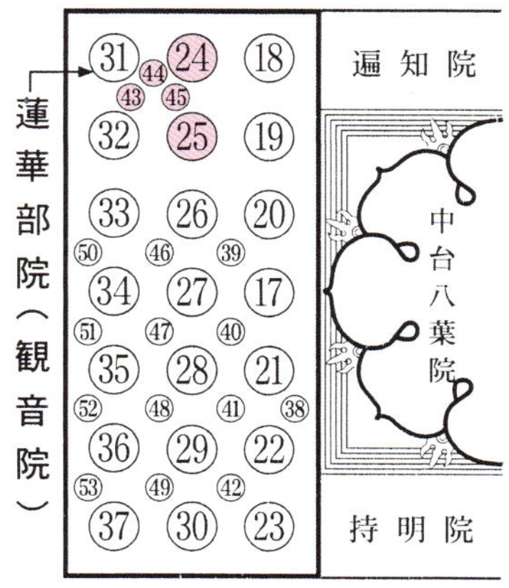

24．大随求菩薩（p.52）

43．44．45．蓮華部使者（p.62）

25．窣覩波大吉祥菩薩（p.52）

26. 耶輸陀羅菩薩（p.53）

46. 蓮華部使者（p.63）

27. 如意輪菩薩（p.54）

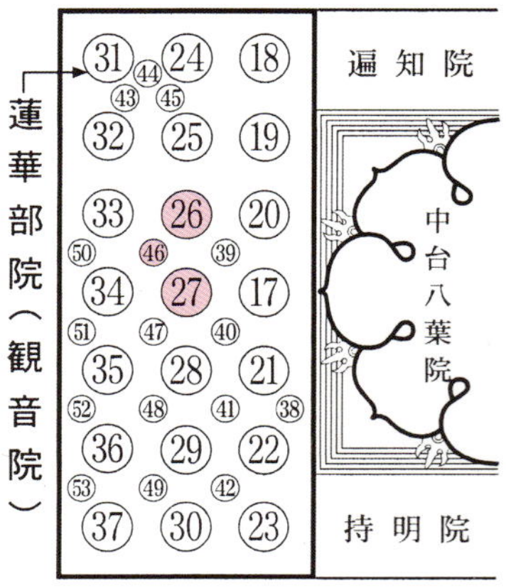

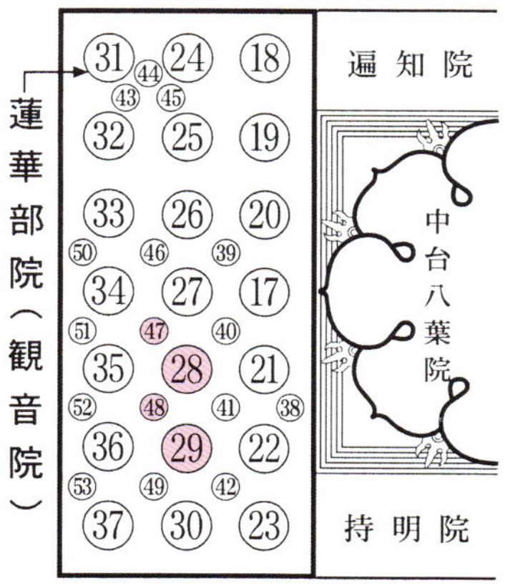

47. 宝供養 (p.63)

48. 焼香菩薩 (p.64)

28. 大吉祥大明菩薩 (p.54)

29. 大吉祥明菩薩 (p.55)

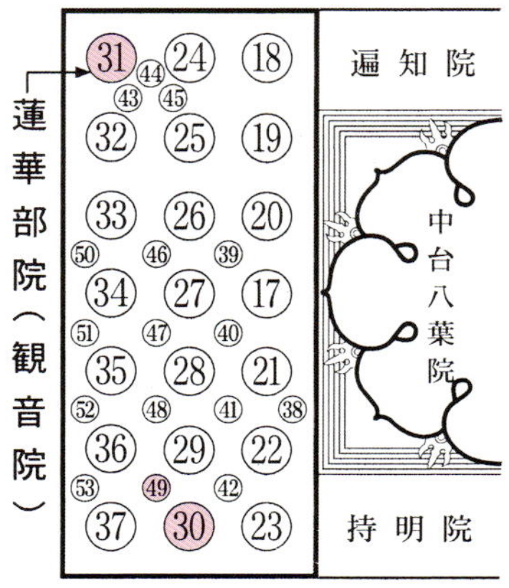

31．被葉衣菩薩（p.56）

49．蓮華部使者（p.64）

30．寂留明菩薩（p.55）

32. 白身観自在菩薩 (*p.56*)

33. 豊財菩薩 (*p.57*)

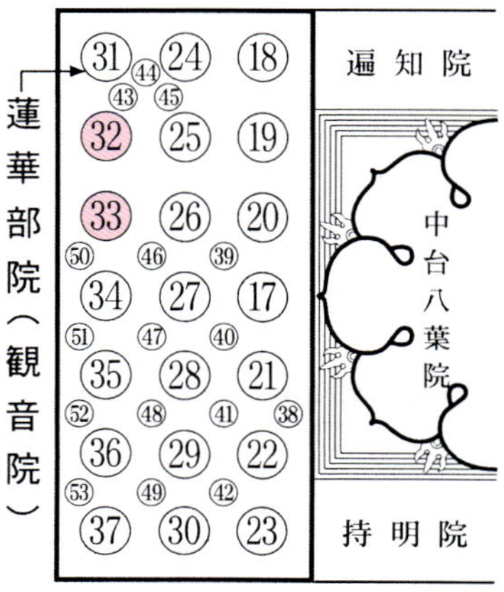

50. 蓮華部使者（p.65）

34. 不空羂索観音菩薩（p.58）

51. 蓮華部使者（p.65）

35. 水吉祥菩薩（p.58）

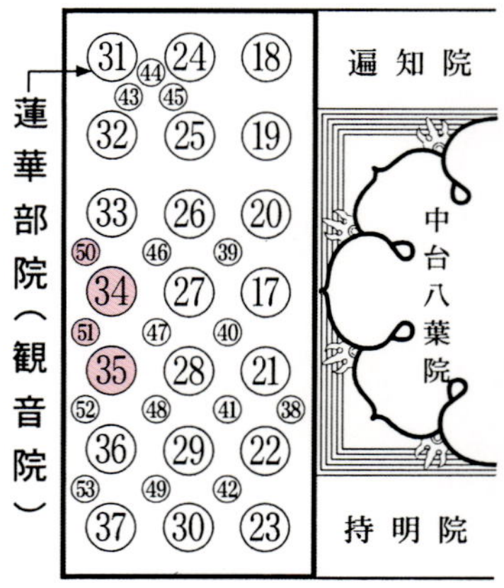

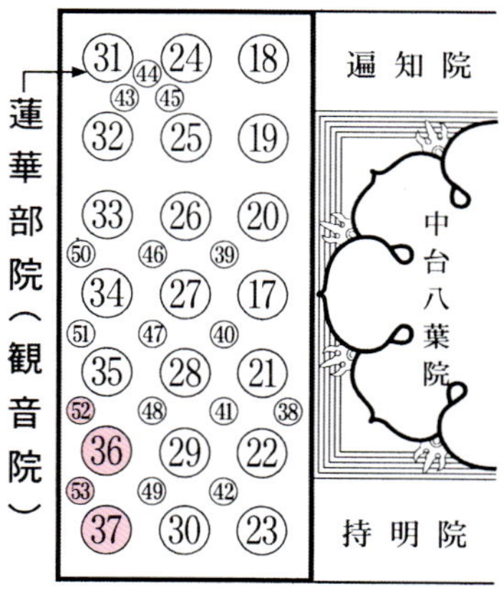

52. 塗香菩薩 （*p.65*）

53. 蓮華部使者 （*p.66*）

36. 大吉祥変菩薩 （*p.59*）

37. 白処尊菩薩 （*p.60*）

文様帯の一部・東北方角（100%）

文様帯の一部・東北方角（35%）

金剛手院

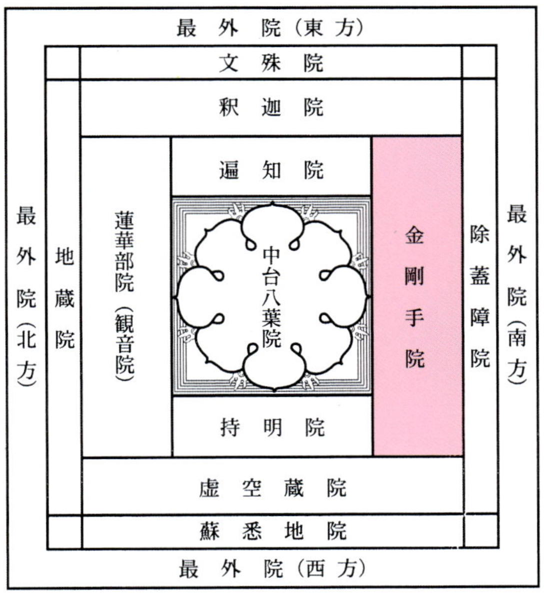
最外院（東方）
文殊院
釈迦院
遍知院
最外院（北方）
地蔵院
蓮華部院（観音院）
中台八葉院
金剛手院
除蓋障院
最外院（南方）
持明院
虚空蔵院
蘇悉地院
最外院（西方）

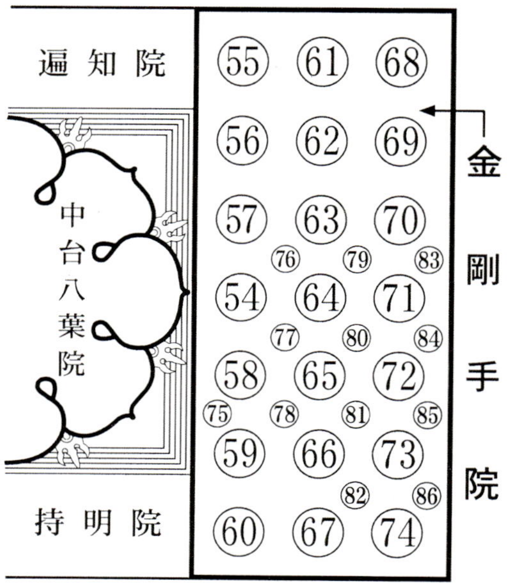

54. 金剛薩埵
55. 発生金剛部菩薩
56. 金剛鉤女菩薩
57. 金剛手持金剛菩薩
58. 持金剛鋒菩薩
59. 金剛拳菩薩
60. 忿怒月黶菩薩
61. 虚空無垢持金剛菩薩
62. 金剛牢持金剛菩薩
63. 忿怒持金剛菩薩
64. 虚空無辺超越菩薩
65. 金剛鏁菩薩
66. 金剛持菩薩
67. 持金剛利菩薩
68. 金剛輪持菩薩
69. 金剛説菩薩
70. 懌悦持金剛菩薩
71. 金剛牙菩薩
72. 離戯論菩薩
73. 持妙金剛菩薩
74. 大輪金剛菩薩
（使　者）
75. 金剛使者
76. 〃
77. 金剛軍荼利
78. 金剛鉤女
79. 金剛使者
80. 大力金剛
81. 金剛童子
82. 孫婆
83. 金剛使者
84. 金剛拳
85. 金剛使者
86. 金剛王菩薩

76. 金剛使者（*p.81*）

54. 金剛薩埵（*p.68*）

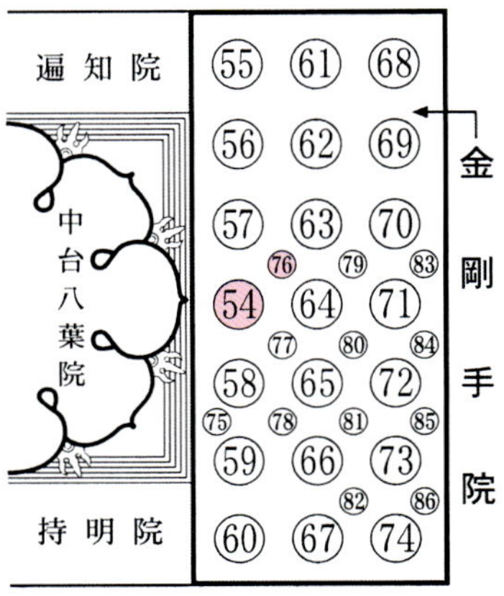

55. 発生金剛部菩薩 (p.69)

56. 金剛鉤女菩薩 (p.70)

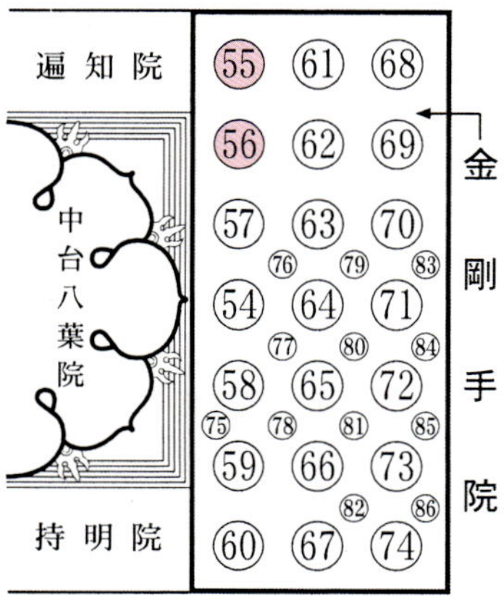

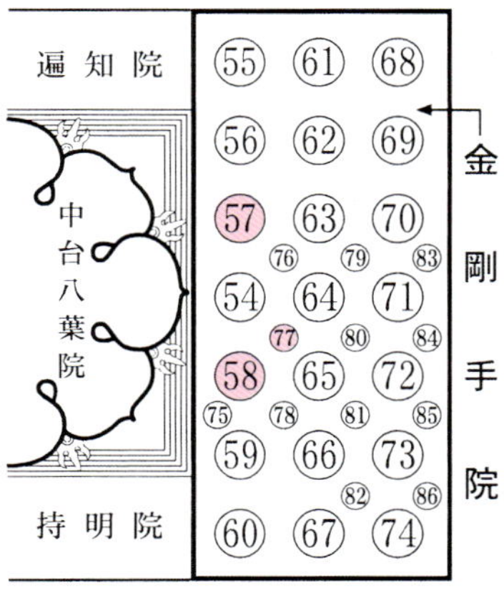

57. 金剛手持金剛菩薩 (p.70)

77. 金剛軍荼利 (p.82)

58. 持金剛鋒菩薩 (p.71)

75．金剛使者（p.81）

78．金剛鉤女（p.82）

59．金剛拳菩薩（p.72）

60．忿怒月黶菩薩（p.72）

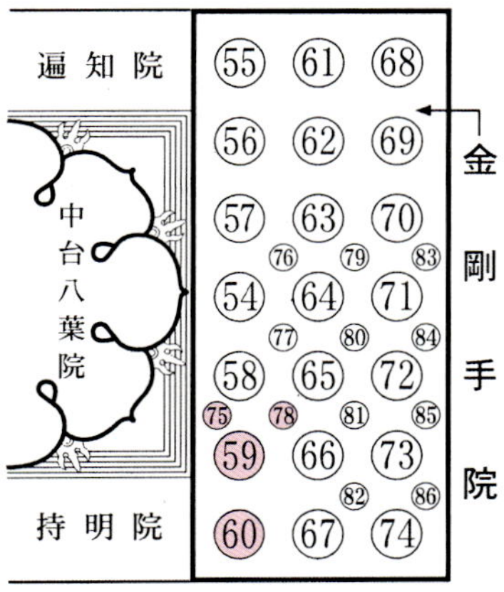

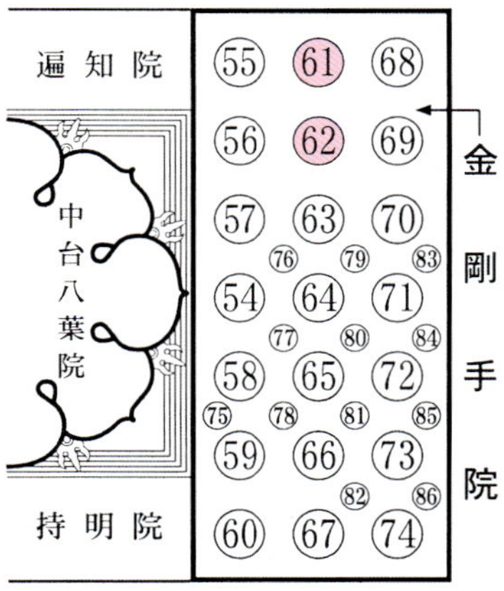

61．虚空無垢持金剛菩薩（p.73）

62．金剛牢持金剛菩薩（p.73）

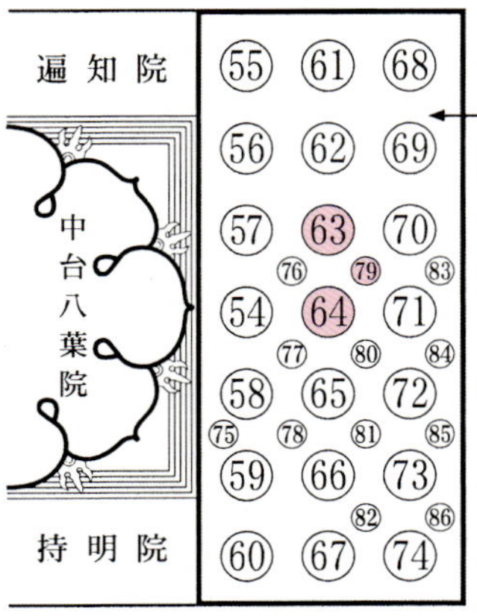

63・忿怒持金剛菩薩（p.74）

64・虚空無辺超越菩薩（p.74）

79・金剛使者（p.83）

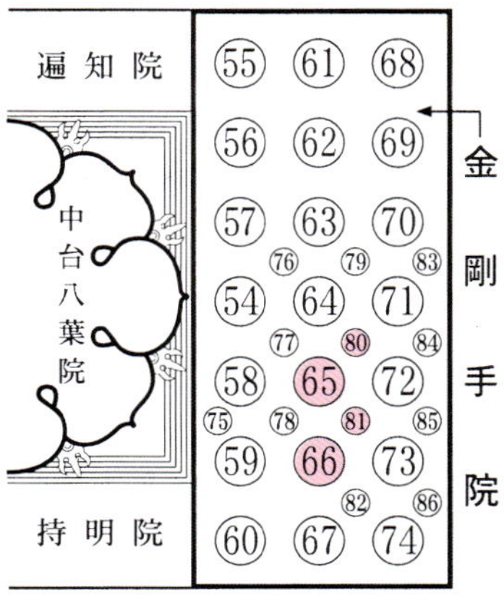

65・金剛鏁菩薩（p.75）

66・金剛持菩薩（p.76）

80・大力金剛（p.83）

81・金剛童子（p.83）

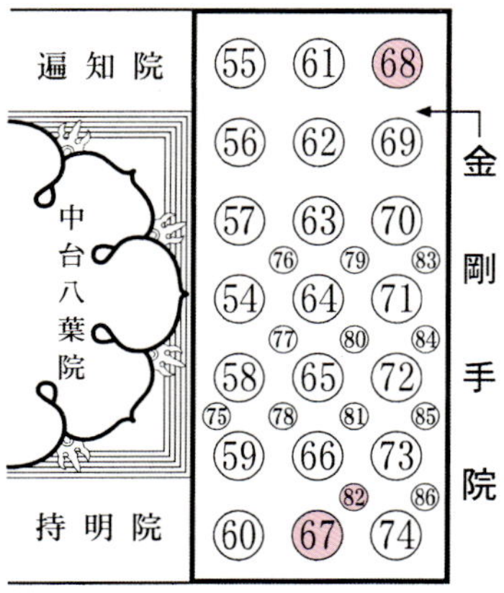

68・金剛輪持菩薩（p.77）

82・孫婆（p.84）

67・持金剛利菩薩（p.76）

69. 金剛説菩薩（p.78）

70. 懌悦持金剛菩薩（p.78）

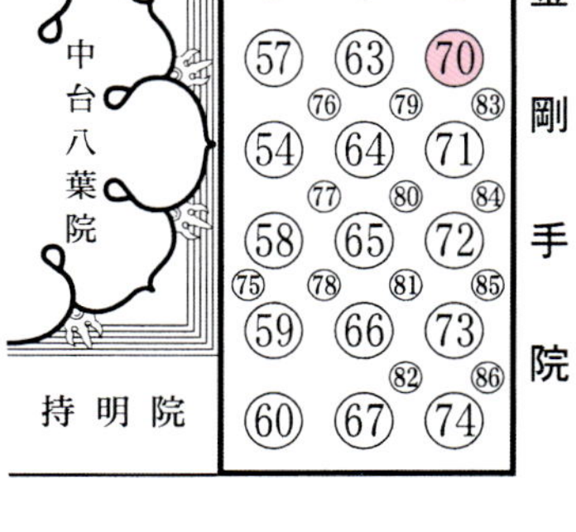

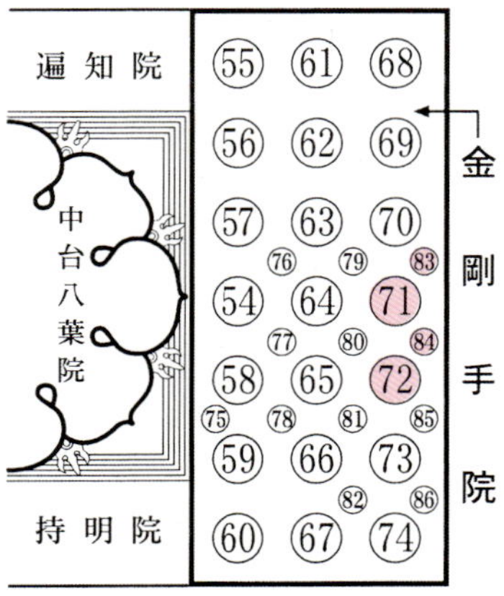

83. 金剛使者（p.84）

71. 金剛牙菩薩（p.79）

84. 金剛拳（p.85）

72. 離戯論菩薩（p.79）

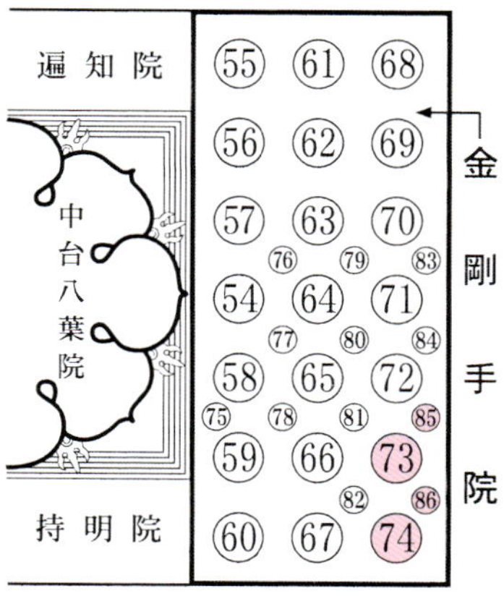

85. 金剛使者（p.85）

73. 持妙金剛菩薩（p.80）

86. 金剛王菩薩（p.86）

74. 大輪金剛菩薩（p.80）

文様帯の一部・南方中央（60％）

文様帯の一部・南方中央（100％）

持明院

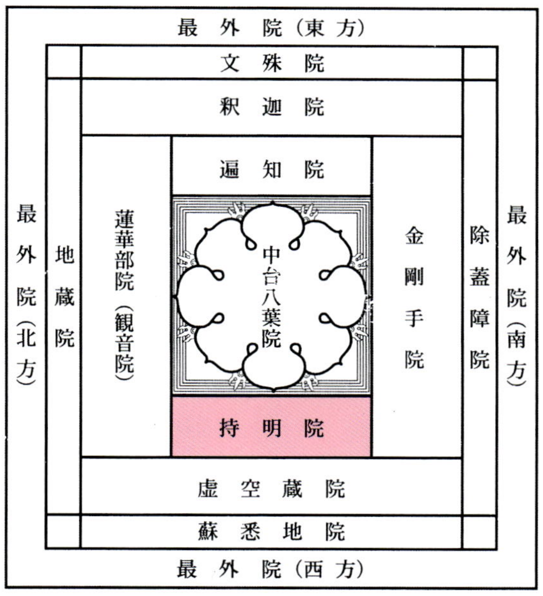
最外院（東方）
文殊院
釈迦院
遍知院
最外院（北方）
地蔵院
蓮華部院（観音院）
中台八葉院
金剛手院
除蓋障院
最外院（南方）
持明院
虚空蔵院
蘇悉地院
最外院（西方）

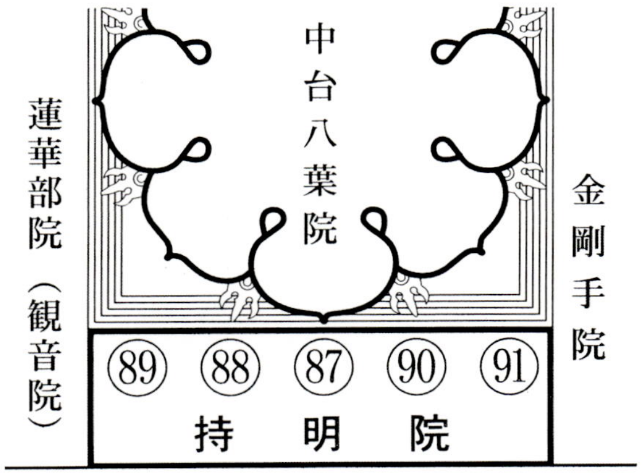

87．般若菩薩
88．大威徳明王
89．勝三世明王
90．降三世明王
91．不動明王

87.般若菩薩（*p.88*）

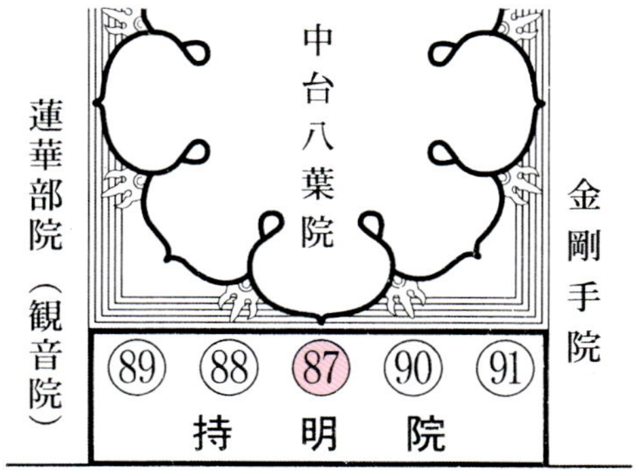

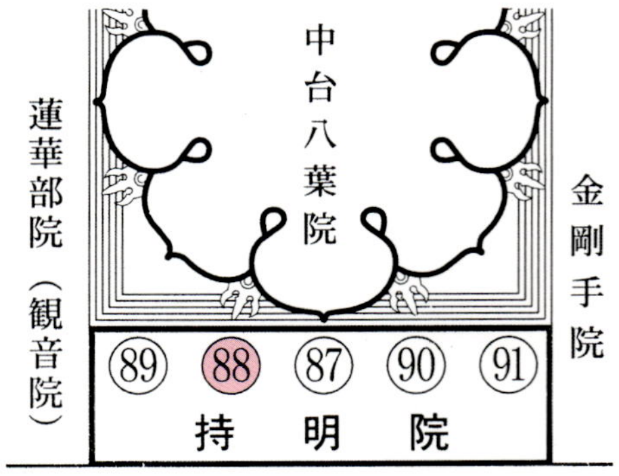
中台八葉院
蓮華部院（観音院）
金剛手院
89
88
87
90
91
持　明　院

89.勝三世明王（*p.90*）

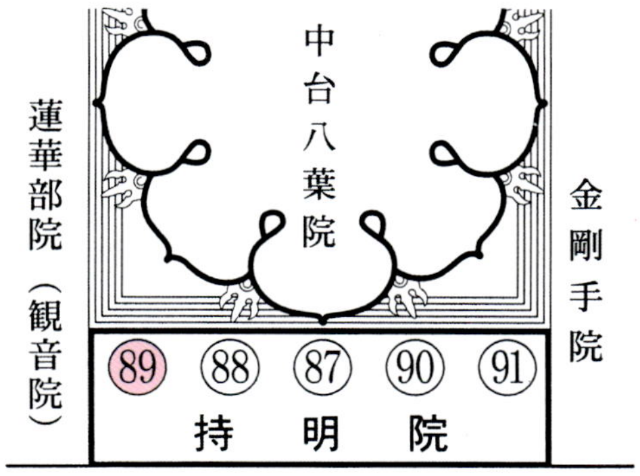

90.降三世明王（p.91）

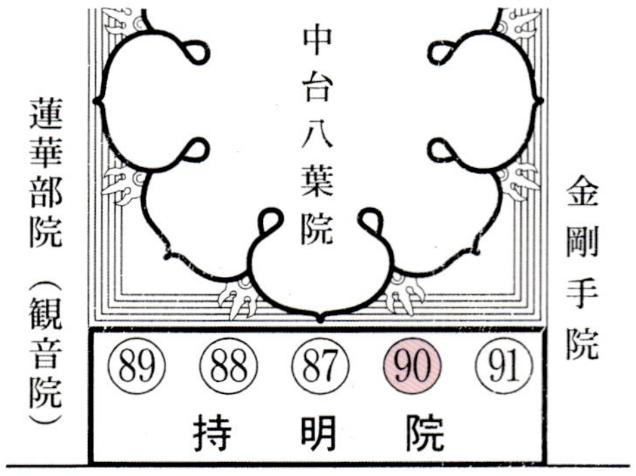

91. 不動明王（*p.92*）

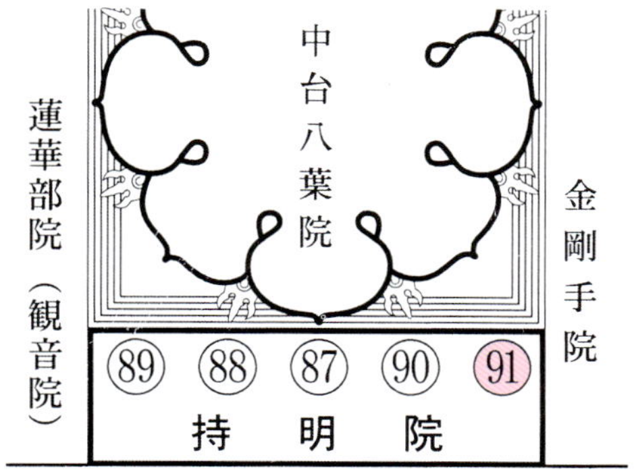

釈迦院

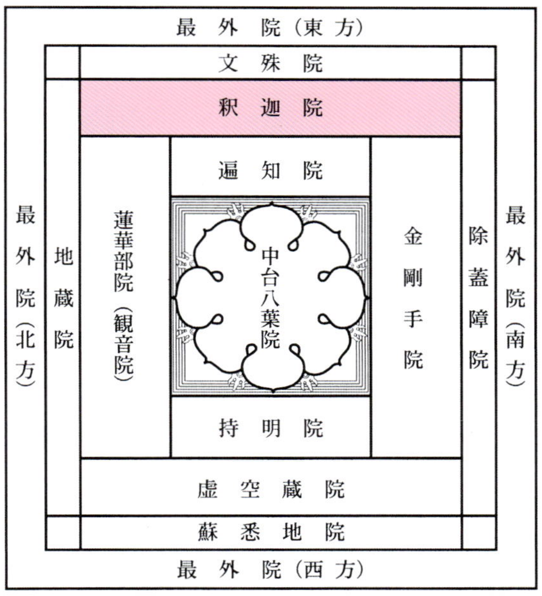
最外院（東方）
文殊院
釈迦院
遍知院
蓮華部院（観音院）
中台八葉院
金剛手院
持明院
虚空蔵院
蘇悉地院
地蔵院
除蓋障院
最外院（北方）
最外院（南方）
最外院（西方）

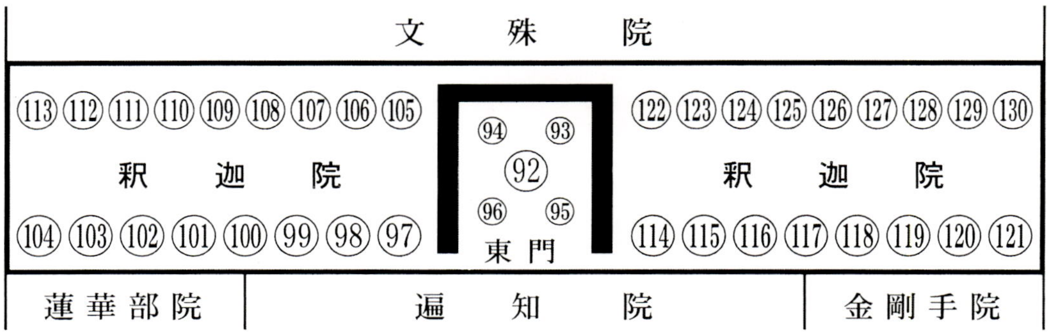

92. 釈迦如来
93. 観自在菩薩
94. 虚空蔵菩薩
95. 無能勝妃
96. 無能勝明王
97. 一切如来宝
98. 如来毫相菩薩
99. 大転輪仏頂
100. 高仏頂
101. 無量音声仏頂
102. 如来悲菩薩
103. 如来愍菩薩
104. 如来慈菩薩
105. 如来爍乞底
106. 栴檀香辟支仏
107. 多摩羅香辟支仏
108. 大目犍連
109. 須菩提
110. 迦葉波
111. 舎利弗
112. 如来喜菩薩
113. 如来捨菩薩
114. 白傘蓋仏頂
115. 勝仏頂
116. 最勝仏頂
117. 光聚仏頂
118. 摧砕仏頂
119. 如来舌菩薩
120. 如来語菩薩
121. 如来笑菩薩
122. 如来牙菩薩
123. 輪輻辟支仏
124. 宝輻辟支仏
125. 拘絺羅
126. 阿難
127. 迦旃延
128. 優波離
129. 智拘絺羅菩薩
130. 供養雲海菩薩

94. 虚空蔵菩薩（p.97）

93. 観自在菩薩（p.96）

66%（→次頁100%）

96. 無能勝明王（p.98）

92. 釈迦如来（p.96）

95. 無能勝妃（p.97）

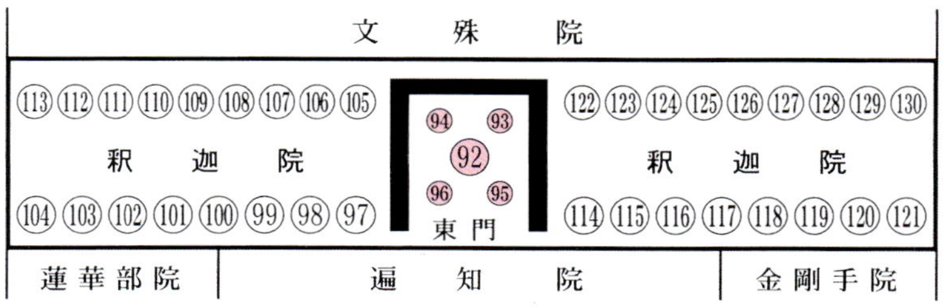

釈迦院中心部（前頁）の原寸図

98.如来毫相菩薩（p.99）　97.一切如来宝（p.98）

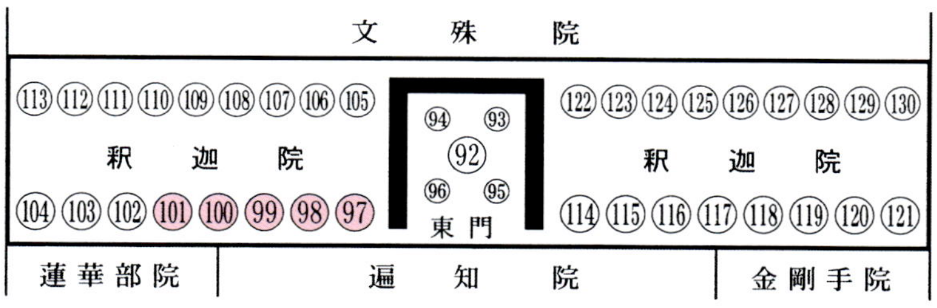

101.無量音声仏頂（p.101）　100.高仏頂（p.100）　99.大転輪仏頂（p.100）

107. 多摩羅香辟支仏（p.104）　106. 栴檀香辟支仏（p.104）　105. 如来爍乞底（p.103）

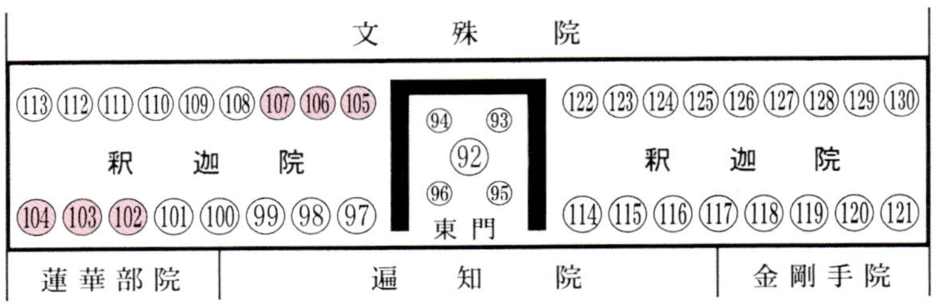

104. 如来慈菩薩（p.103）　103. 如来愍菩薩（p.102）　102. 如来悲菩薩（p.102）

110.迦葉波（p.106）　109.須菩提（p.106）　108.大目犍連（p.105）

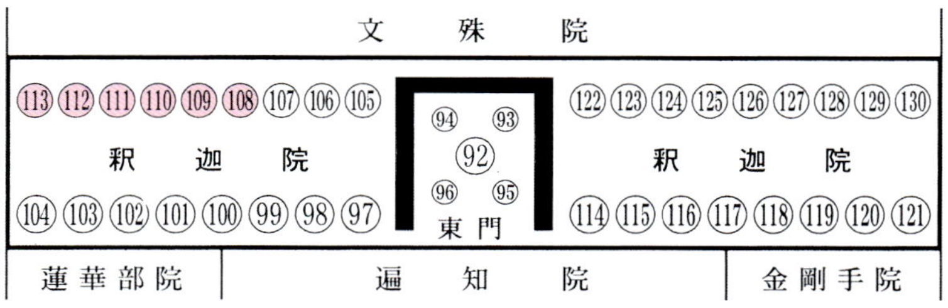

113.如来捨菩薩（p.108）　112.如来喜菩薩（p.107）　111.舎利弗（p.107）

114.白傘蓋仏頂（*p.108*）　115.勝仏頂（*p.109*）

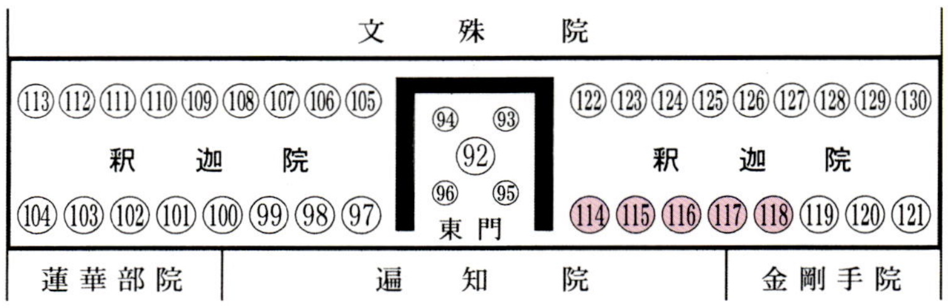

116.最勝仏頂（*p.110*）　117.光聚仏頂（*p.110*）　118.摧砕仏頂（*p.111*）

122.如来牙菩薩（p.113）　123.輪輻辟支仏（p.114）　124.宝輻辟支仏（p.114）

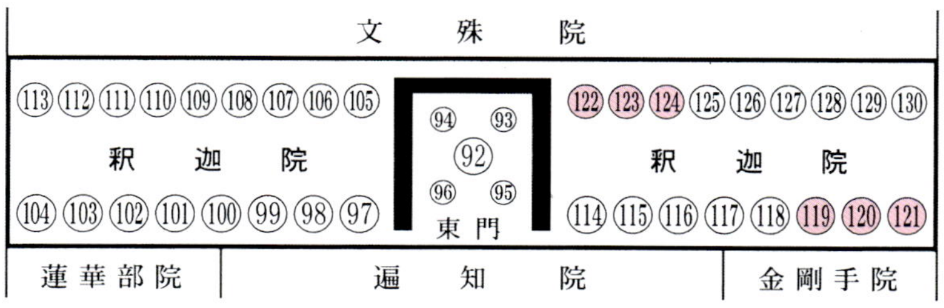

119.如来舌菩薩（p.111）　120.如来語菩薩（p.112）　121.如来笑菩薩（p.112）

125.拘絺羅（p.115）　126.阿難（p.115）　127.迦旃延（p.116）

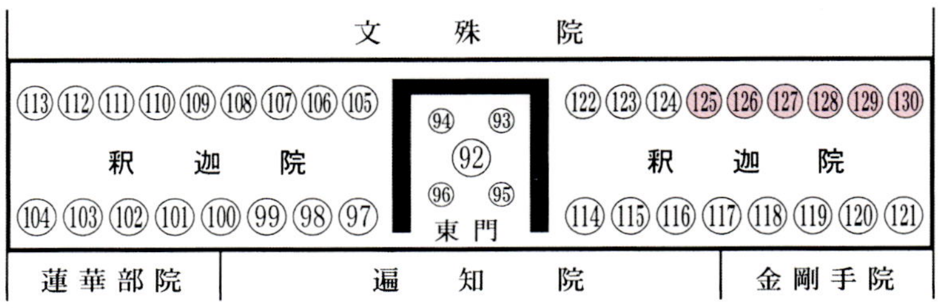

128.優波離（p.116）　129.智拘絺羅菩薩（p.117）　130.供養雲海菩薩（p.117）

文殊院

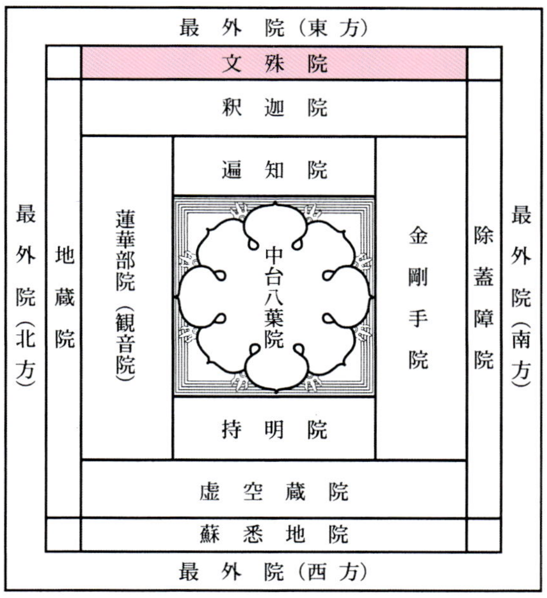
最外院（東方）
文殊院
釈迦院
遍知院
蓮華部院（観音院）
中台八葉院
金剛手院
持明院
虚空蔵院
蘇悉地院
地蔵院
除蓋障院
最外院（北方）
最外院（南方）
最外院（西方）

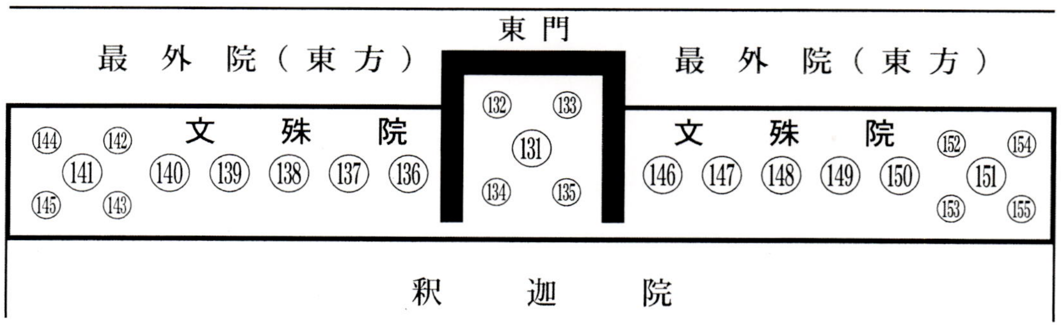

131.文殊師利菩薩
132.観自在菩薩
133.普賢菩薩
134.不可越守護
135.相向守護
136.光網菩薩
137.宝冠菩薩
138.無垢光菩薩
139.月光菩薩
140.妙音菩薩
141.瞳母嚕
142.阿耳多
143.阿波羅耳多

141.肥者耶
145.者耶
146.髻設尼童女
147.優婆髻設尼童女
148.質怛羅童女
149.地慧童女
150.召請童女
151.不思議慧童女
152.文殊奉教者
153.　〃
154.　〃
155.　〃

132・観自在菩薩（p.120）

133・普賢菩薩（p.120）

68%（→次頁100%）

134・不可越守護（p.121）

131・文殊師利菩薩（p.119）

135・相向守護（p.122）

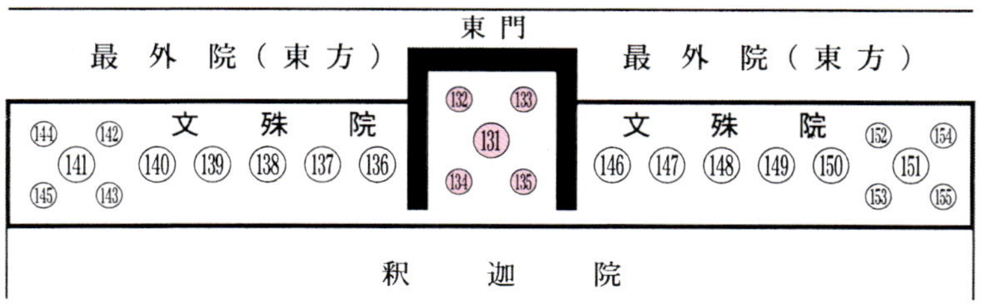

文殊院中心部(前頁)の原寸図

136・光網菩薩（p.122）

137・宝冠菩薩（p.123）

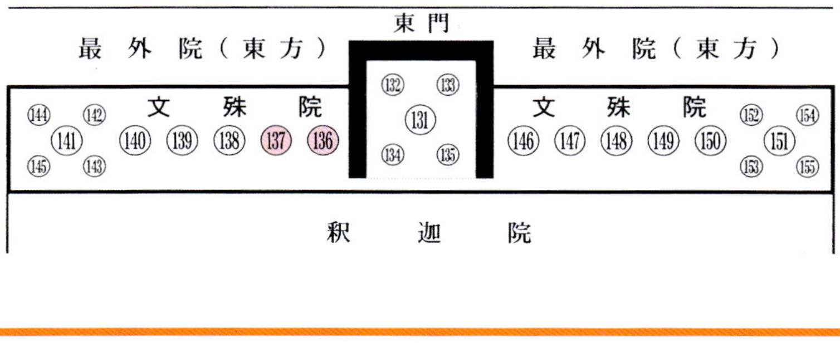

138・無垢光菩薩（p.123）

139・月光菩薩（p.124）

140・妙音菩薩（p.124）

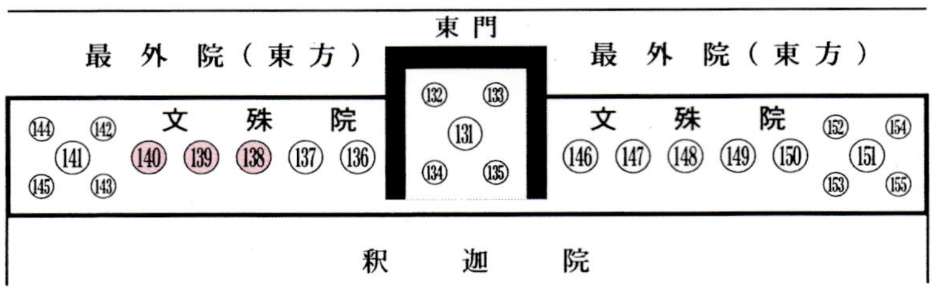

145・者耶（p.127）

144・肥者耶（p.126）

141・瞳母嚕（p.125）

142・阿耳多（p.126）

143・阿波羅耳多（p.126）

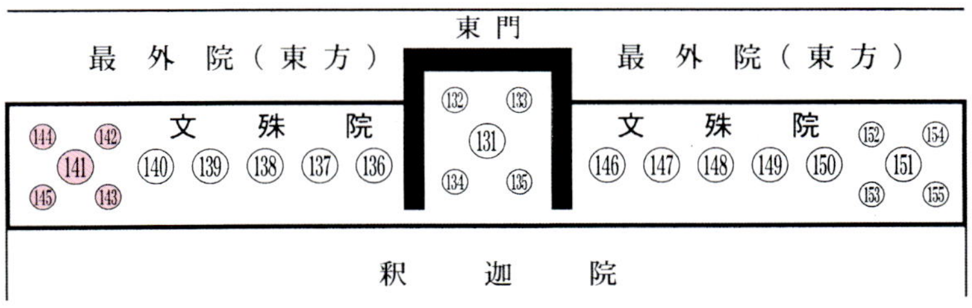

146・髻設尼童女（p.127）

147・優婆髻設尼童女（p.128）

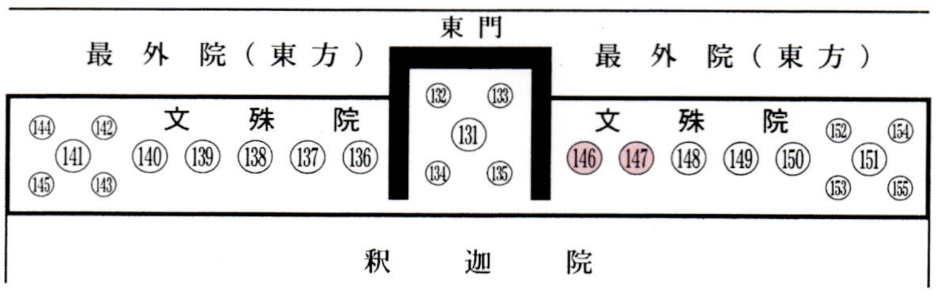

148・質怛羅童女（p.128）

149・地慧童女（p.129）

150・召請童女（p.129）

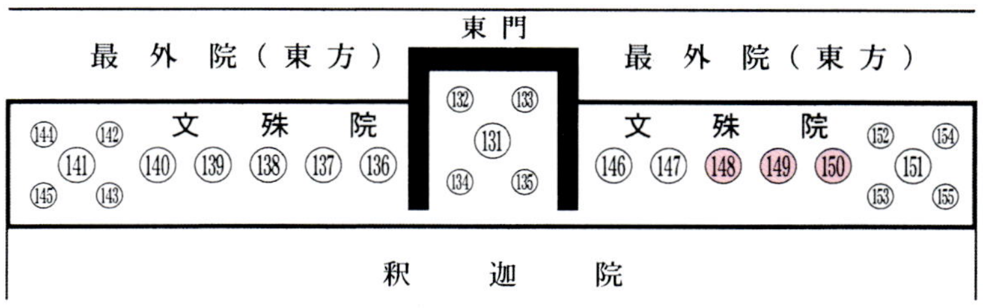

155. 文殊奉行者（p.131）

154. 文殊奉行者（p.131）

151. 不思議慧童女（p.130）

152. 文殊奉行者（p.131）

153. 文殊奉行者（p.131）

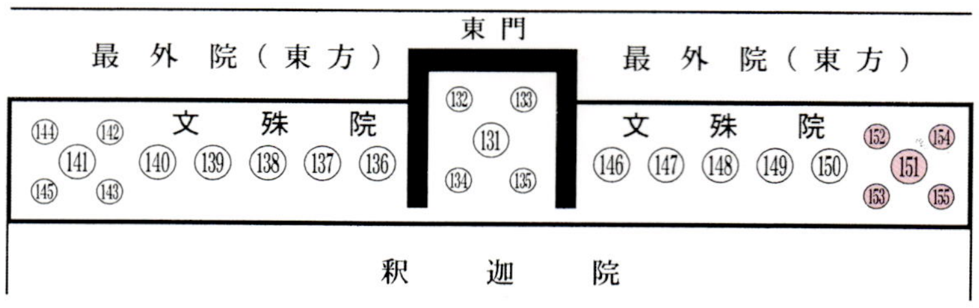

地蔵院

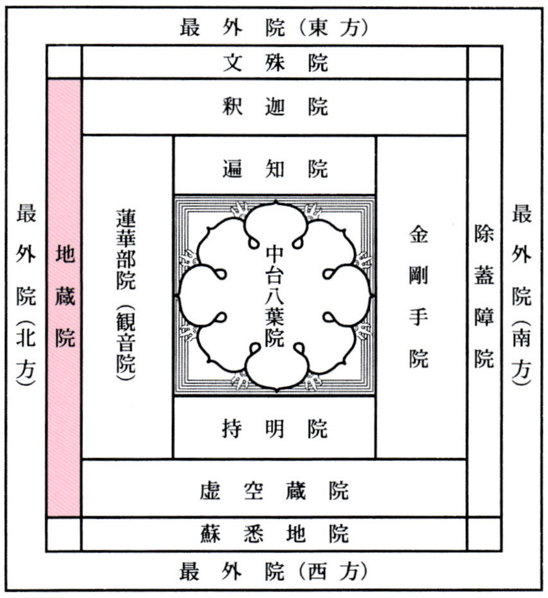
最外院（東方）
文殊院
釈迦院
遍知院
最外院（北方）
地蔵院
蓮華部院（観音院）
中台八葉院
金剛手院
除蓋障院
最外院（南方）
持明院
虚空蔵院
蘇悉地院
最外院（西方）

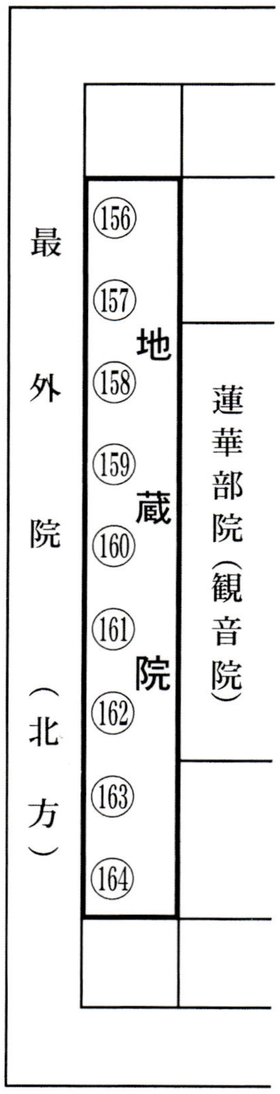

156.除一切憂冥菩薩
157.不空見菩薩
158.宝印手菩薩
159.宝処菩薩
160.地蔵菩薩
161.宝手菩薩
162.持地菩薩
163.堅固深心菩薩
164.日光菩薩

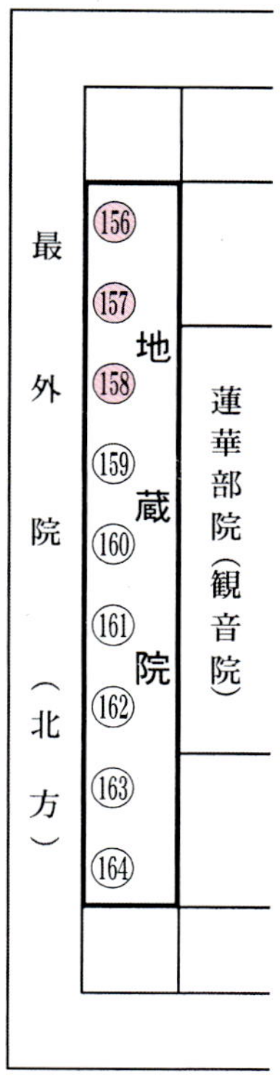

156・除一切憂冥菩薩（*p.133*）

157・不空見菩薩（*p.133*）

158・宝印手菩薩（*p.134*）

159・宝処菩薩（p.134）

161・宝手菩薩（p.136）

160・地蔵菩薩（p.135）

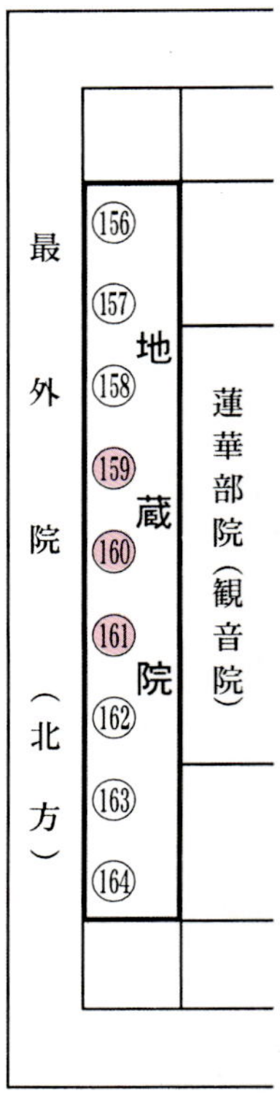

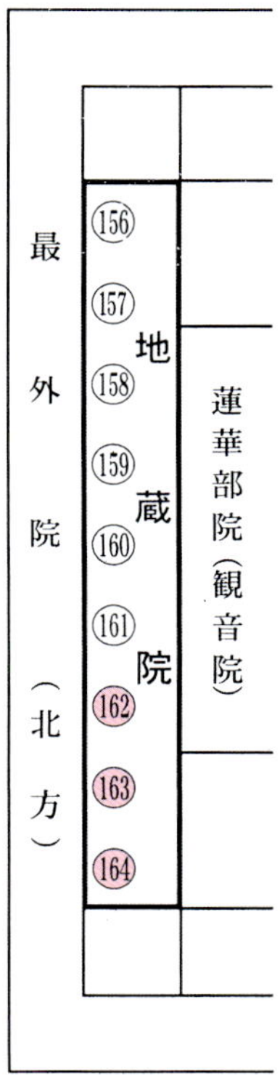

163・堅固深心菩薩（p.137）

162・持地菩薩（p.136）

164・日光菩薩（p.138）

華瓶と結界の一部（地蔵院・上方）

結界の一部（文殊院・左上）

除蓋障院

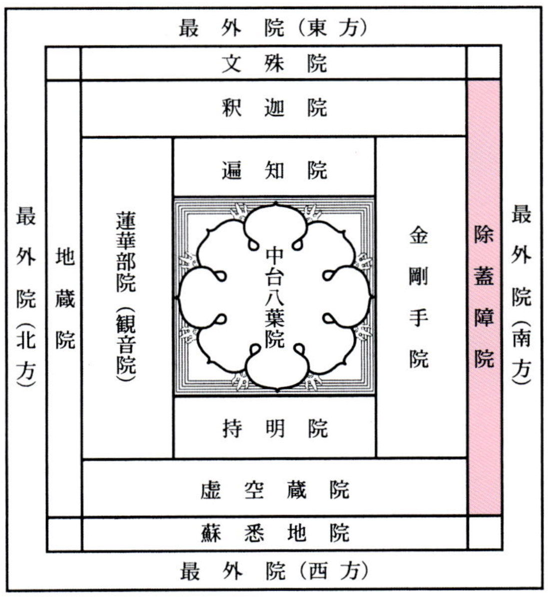
最外院（東方）
文殊院
釈迦院
遍知院
中台八葉院
持明院
虚空蔵院
蘇悉地院
最外院（西方）
最外院（北方）
地蔵院
蓮華部院（観音院）
金剛手院
除蓋障院
最外院（南方）

165. 悲愍菩薩
166. 破悪趣菩薩
167. 施無畏菩薩
168. 賢護菩薩
169. 除蓋障菩薩
170. 悲愍慧菩薩
171. 慈発生菩薩
172. 折諸熱悩菩薩
173. 不思議慧菩薩

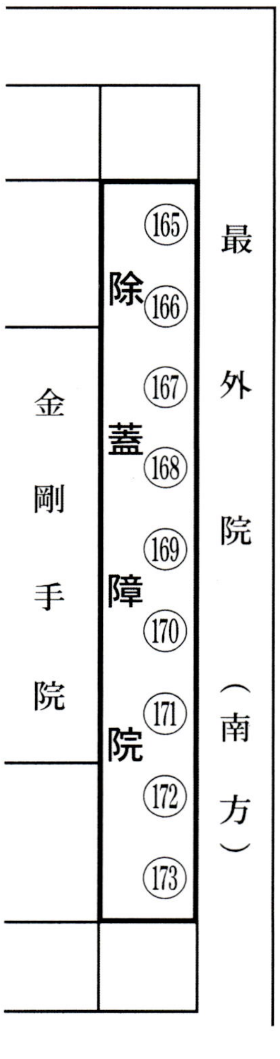

最外院（南方）		
	165 除 166 167 蓋 168 169 障 170 171 院 172 173	金剛手院

166・破悪趣菩薩（p.140）

165・悲愍菩薩（p.140）

167・施無畏菩薩（p.141）

168・賢護菩薩（p.142）

170・悲愍慧菩薩（p.143）

169・除蓋障菩薩（p.142）

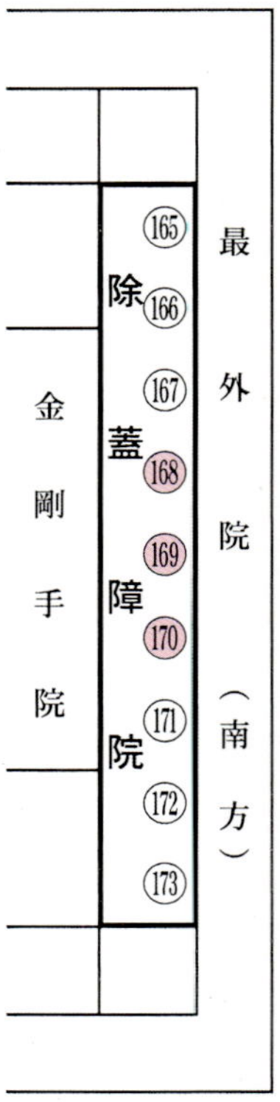

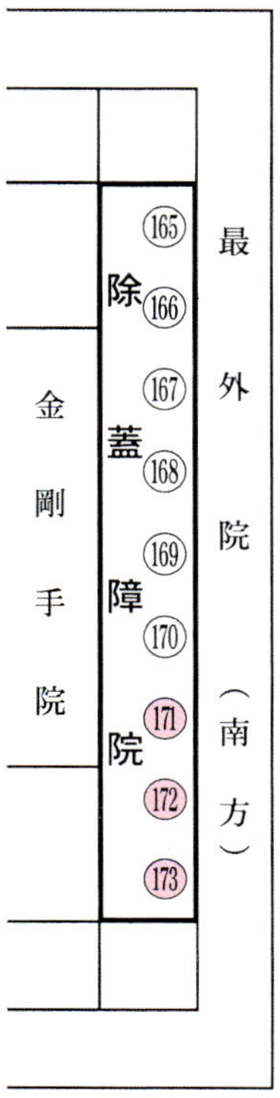

172・折諸熱悩菩薩 （p.144）

171・慈発生菩薩 （p.144）

173・不思議慧菩薩 （p.145）

虚空蔵院

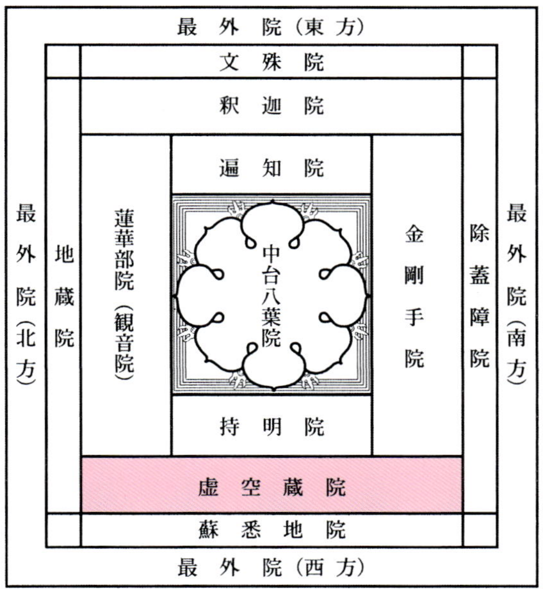
最外院（東方）
文殊院
釈迦院
遍知院
最外院（北方）
地蔵院
蓮華部院（観音院）
中台八葉院
金剛手院
除蓋障院
最外院（南方）
持明院
虚空蔵院
蘇悉地院
最外院（西方）

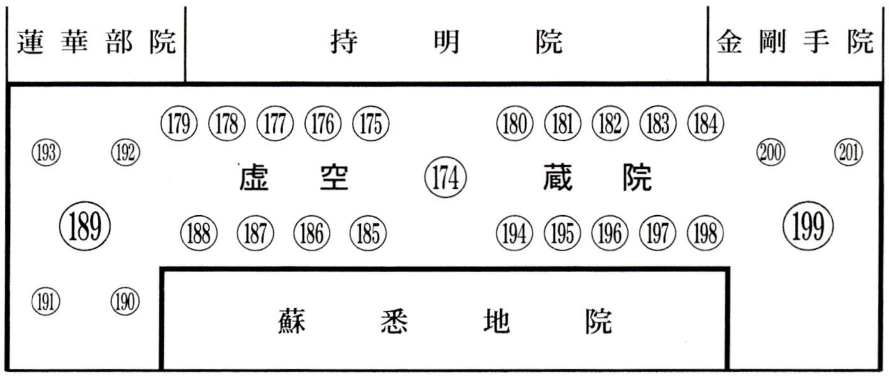

174.虚空蔵菩薩
175.檀波羅蜜菩薩
176.戒波羅蜜菩薩
177.忍辱波羅蜜菩薩
178.精進波羅蜜菩薩
179.禅波羅蜜菩薩
180.般若波羅蜜菩薩
181.方便波羅蜜菩薩
182.願波羅蜜菩薩
183.力波羅蜜菩薩
184.智波羅蜜菩薩
185.共発意転輪菩薩
186.生念処菩薩
187.忿怒鉤観自在菩薩
188.不空鉤観自在菩薩
189.千手千眼観自在菩薩
190.婆藪大仙
191.功徳天
192.飛天
193.〃
194.無垢逝菩薩
195.蘇婆呼菩薩
196.金剛針菩薩
197.蘇悉地羯羅菩薩
198.曼荼羅菩薩
199.一百八臂金剛蔵王菩薩
200.飛天使者
201.〃

174.虚空蔵菩薩（*p.147*）

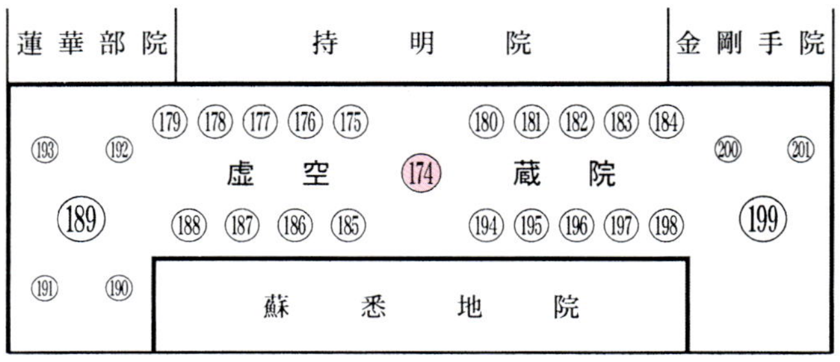

179.禅波羅蜜菩薩（p.150）　178.精進波羅蜜菩薩（p.150）　177.忍辱波羅蜜菩薩（p.149）

188.不空鉤観自在菩薩（p.155）　187.忿怒鉤観自在菩薩（p.155）

176. 戒波羅蜜菩薩（p.148）

175. 檀波羅蜜菩薩（p.148）

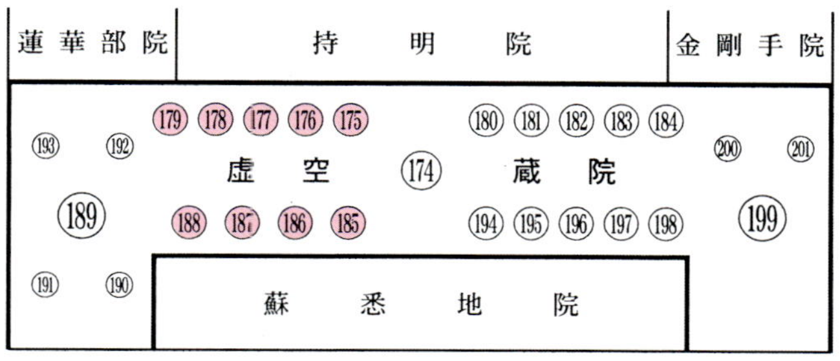

186. 生念処菩薩（p.154）

185. 共発意転輪菩薩（p.154）

193. 飛天（*p.158*）

192. 飛天（*p.158*）

191. 功徳天（*p.158*）

190. 婆藪大仙（*p.157*）

73%（→次頁100%）

189. 千手千眼観自在菩薩（*p.157*）

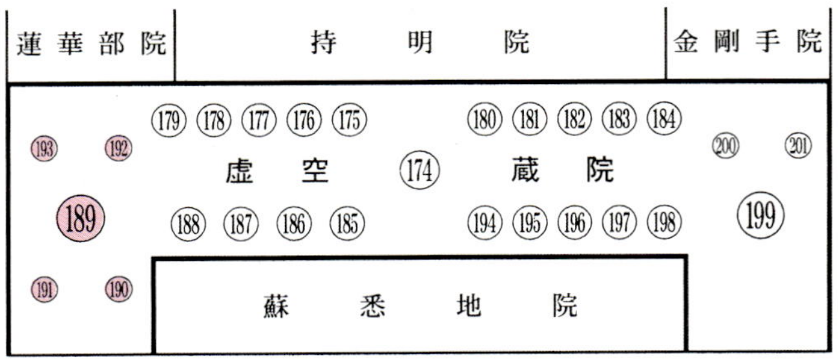

180. 般若波羅蜜菩薩（p.151）　181. 方便波羅蜜菩薩（p.151）

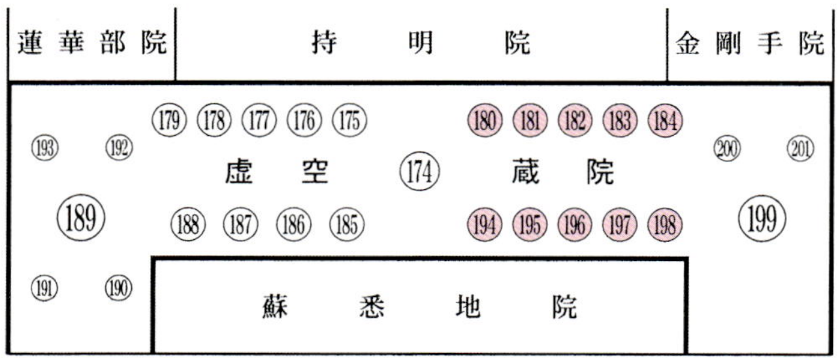

194. 無垢逝菩薩（p.159）　195. 蘇婆呼菩薩（p.160）

182.願波羅蜜菩薩（p.152）　183.力波羅蜜菩薩（p.152）　184.智波羅蜜菩薩（p.153）

196.金剛針菩薩（p.160）　197.蘇悉地羯羅菩薩（p.161）　198.曼荼羅菩薩（p.161）

200．飛天使者（p.163）

201．飛天使者（p.163）

73%(→次頁100%)

199.一百八臂金剛蔵王菩薩（p.163）

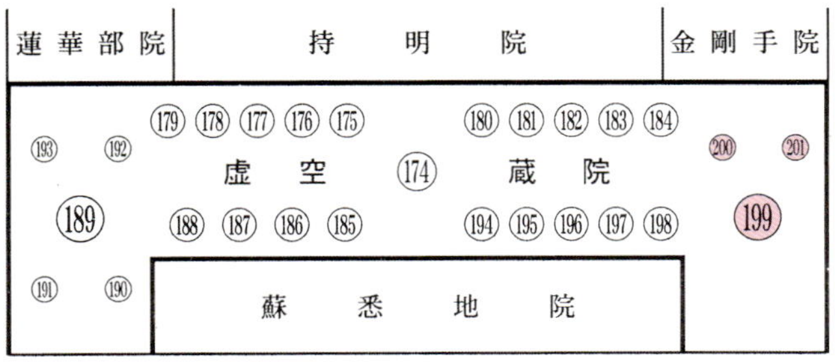

文様帯の一部・南西方角（35%）

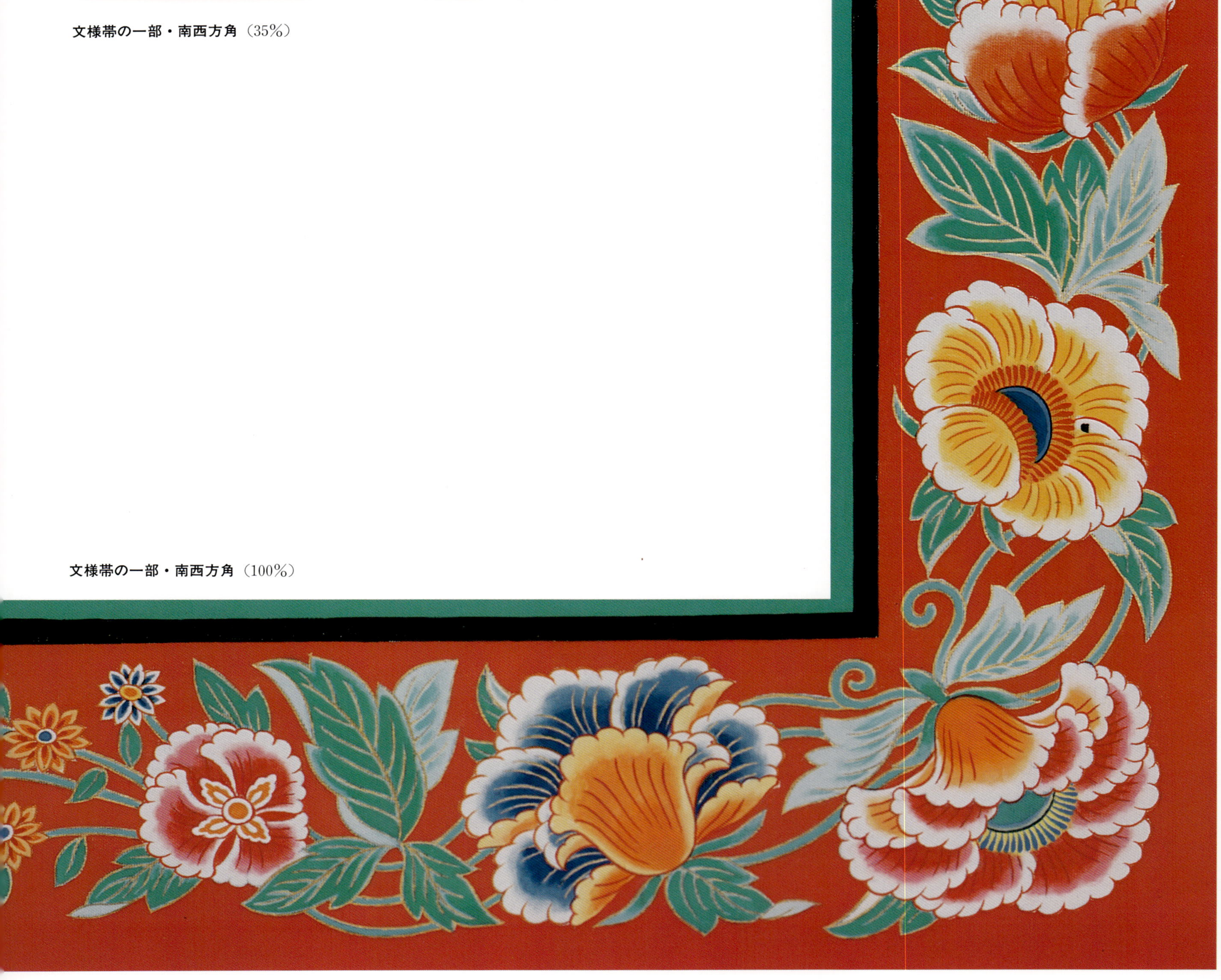

文様帯の一部・南西方角（100%）

蘇悉地院

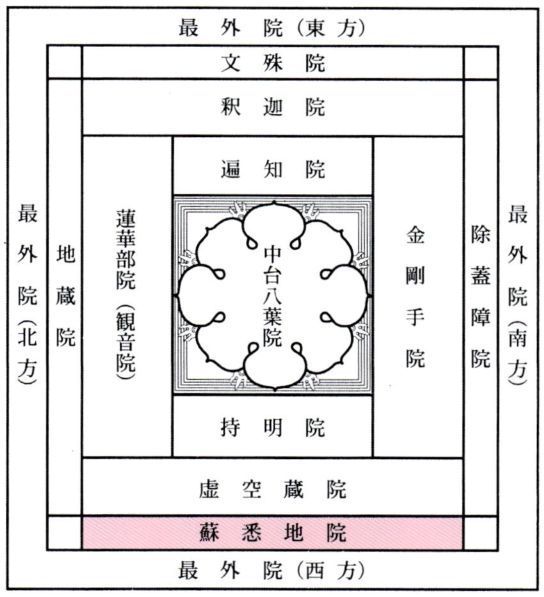
最外院（東方）
文殊院
釈迦院
遍知院
最外院（北方）
地蔵院
蓮華部院（観音院）
中台八葉院
金剛手院
除蓋障院
最外院（南方）
持明院
虚空蔵院
蘇悉地院
最外院（西方）

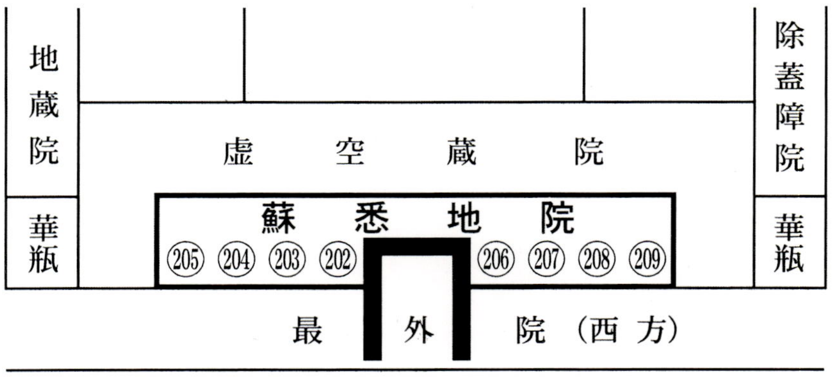

202. 不空供養宝菩薩
203. 孔雀王母
204. 一髻羅刹
205. 十一面観自在菩薩
206. 不空金剛菩薩
207. 金剛軍荼利
208. 金剛将菩薩
209. 金剛明王

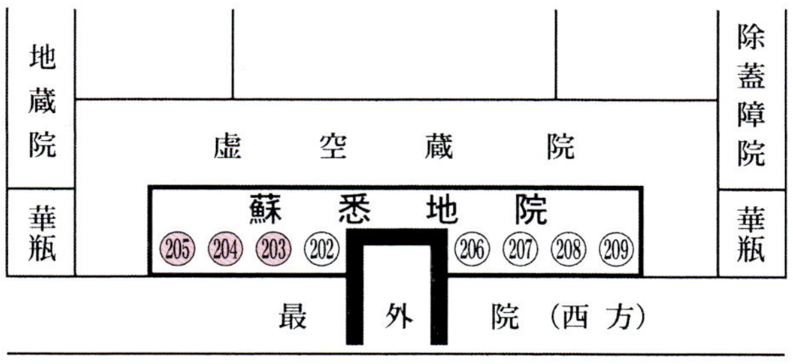

205. 十一面観自在菩薩（*p.167*）　　204. 一髻羅刹（*p.166*）　　203. 孔雀王母（*p.165*）

206.不空金剛菩薩（*p.167*）

202.不空供養宝菩薩（*p.165*）

207.金剛軍荼利（*p.168*）　208.金剛将菩薩（*p.169*）　209.金剛明王（*p.169*）

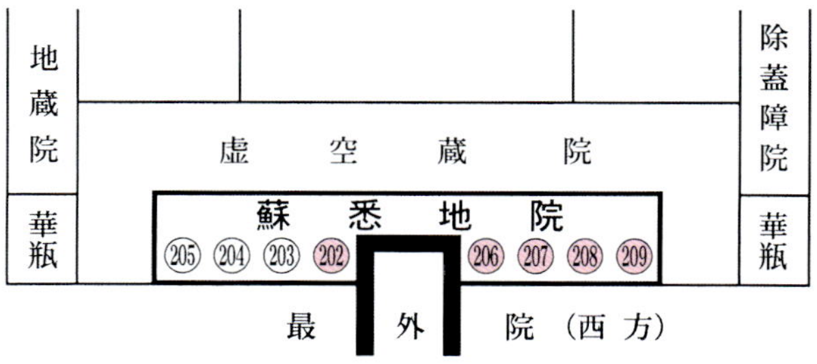

最外院

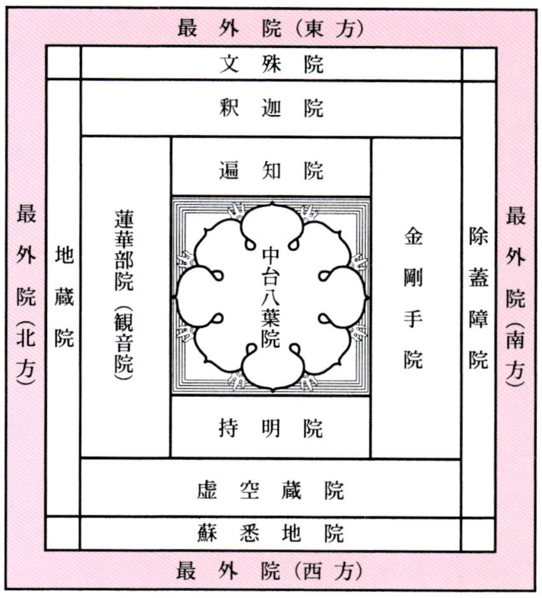

最外院（東方）
文殊院
釈迦院
遍知院
最外院（北方）
地蔵院
蓮華部院（観音院）
中台八葉院
金剛手院
除蓋障院
最外院（南方）
持明院
虚空蔵院
蘇悉地院
最外院（西方）

東方

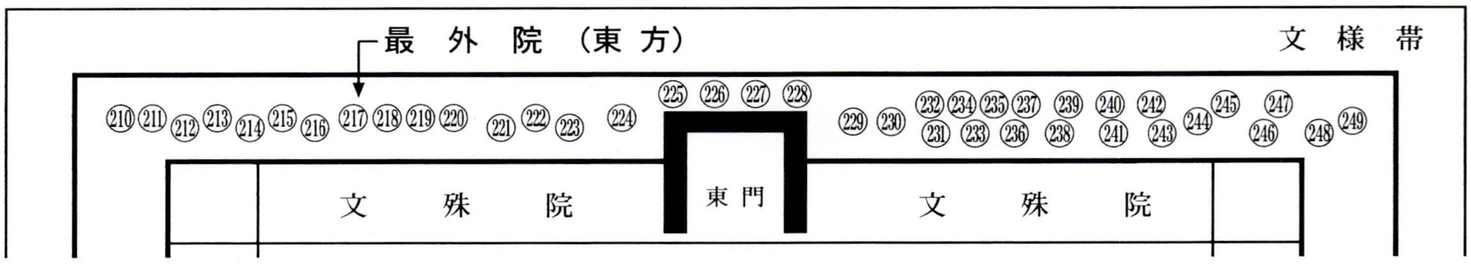

210.伊舎那天
211.喜面天
212.常酔天
213.器手天后
214.器手天
215.堅牢地神后
216.堅牢地神
217.非想天
218.無所有処天
219.識無辺処天
220.空無辺処天
221.惹耶
222.日天
223.微惹耶
224.帝釈天
225.守門天
226.守門天女
227.守門天
228.守門天女
229.持国天
230.大梵天
231.昴宿
232.畢宿
233.觜宿
234.参宿
235.鬼宿
236.井宿
237.柳宿
238.牛密宮
239.白羊宮
240.夫婦宮（男）
241.　〃　（女）
242.彗星
243.流星
244.日曜
245.日曜眷属
246.婆藪仙后
247.婆藪大仙
248.火天后
249.火天

215.堅牢地神后 (*p.174*)
216.堅牢地神 (*p.174*)

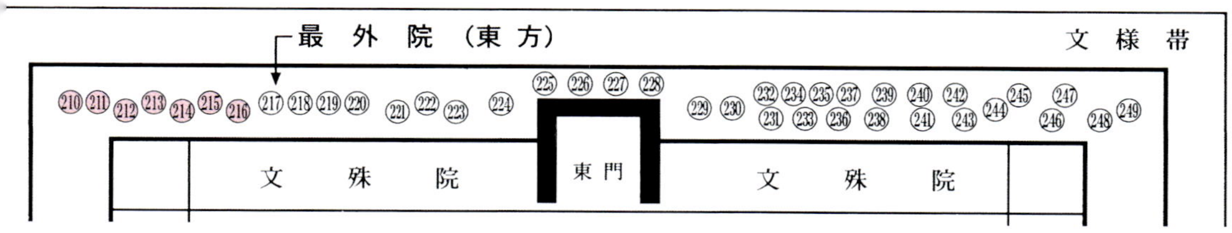

210.伊舎那天 (*p.173*)
211.喜面天 (*p.173*)
212.常酔天 (*p.174*)
213.器手天后 (*p.174*)
214.器手天 (*p.174*)

217.非想天 (p.175)　218.無所有処天 (p.176)　219.識無辺処天 (p.176)　220.空無辺処天 (p.176)

221.惹耶 (p.176)　222.日天 (p.177)　223.微惹耶 (p.177)

229. 持国天（*p.180*）

230. 大梵天（*p.180*）

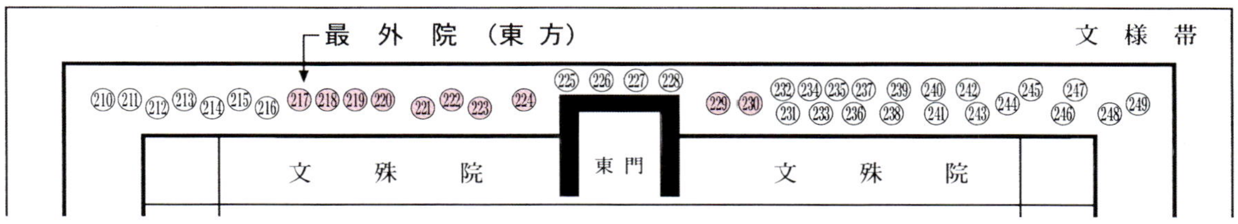

224. 帝釈天（*p.178*）

225．守門天（p.179）　226．守門天女（p.179）　227．守門天（p.179）

〈左から〉231．昴宿/232．畢宿/233．觜宿/234．参宿/235．鬼宿/236．井宿/237．柳宿（p.181～2）

228.守門天女（p.179）

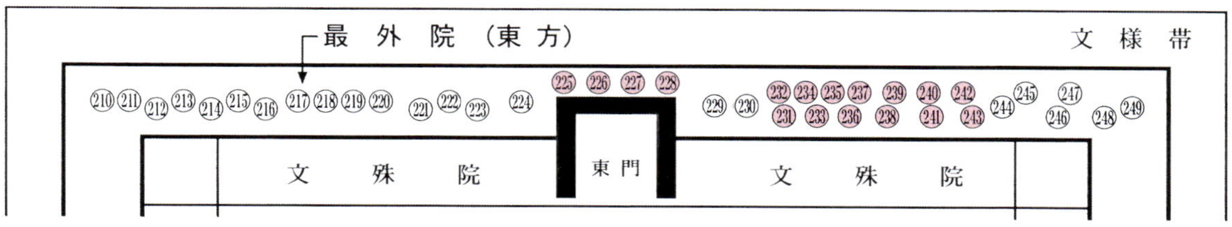

239.白羊宮（p.183）
238.牛密宮（p.183）
240.夫婦宮・男（p.183）
241.夫婦宮・女（p.183）
242.彗星（p.184）
243.流星（p.184）

244. 日曜（p.184）　245. 日曜眷属（p.185）　246. 婆藪仙后（p.185）　247. 婆藪大仙（p.185）

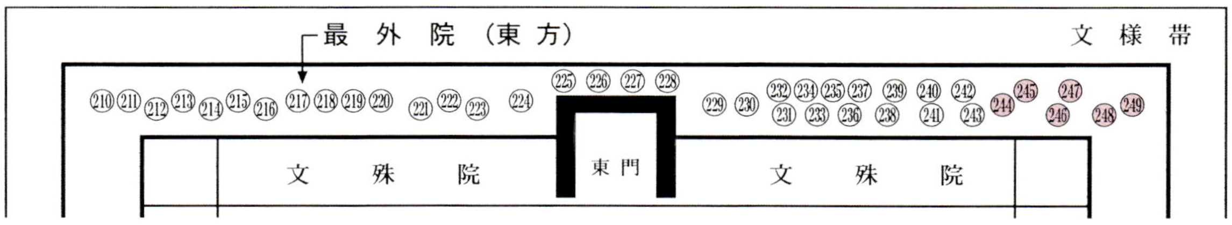

248. 火天后（p.186）　249. 火天（p.186）（p.199〜201）

南方

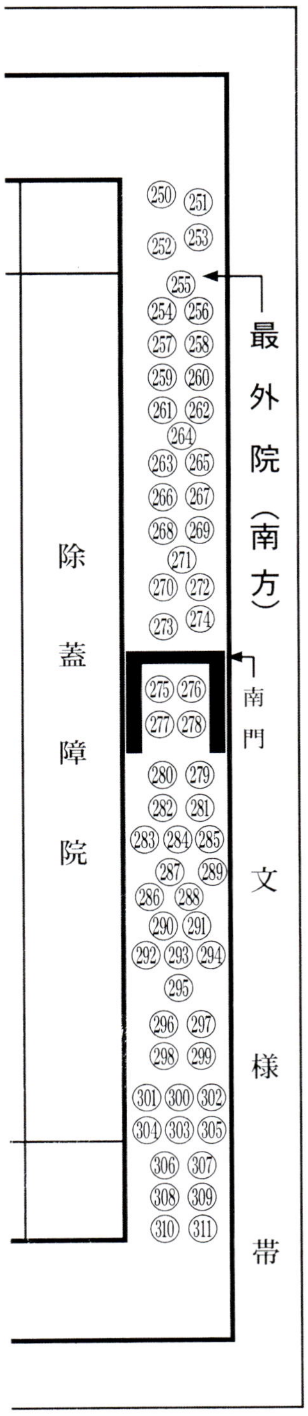

250. 阿詣羅仙
251. 阿詣羅仙后
252. 瞿曇仙
253. 瞿曇仙后
254. 毘紐女
255. 自在女
256. 夜摩女
257. 賢瓶宮
258. 摩竭宮
259. 双魚宮
260. 羅睺星
261. 木曜
262. 火曜
263. 星宿
264. 軫宿
265. 亢宿
266. 張宿
267. 翼宿
268. 角宿
269. 氐宿
270. 薬叉持明女
271. 薬叉持明
272. 薬叉持明女
273. 増長天
274. 増長天使者
275. 難陀龍王
276. 烏波難陀龍王
277. 阿修羅
278. 〃
279. 焔摩天
280. 黒闇天女
281. 太山府君
282. 鬼衆
283. 奪一切人命
284. 毘舎遮
285. 〃
286. 〃
287. 〃
288. 〃
289. 〃
290. 〃
291. 〃
292. 荼吉尼
293. 〃
294. 〃
295. 死鬼
296. 歩多鬼衆
297. 〃
298. 〃
299. 〃
300. 摩尼阿修羅
301. 摩尼阿修羅眷属
302. 〃
303. 阿修羅
304. 阿修羅眷属
305. 〃
306. 迦楼羅
307. 〃
308. 鳩槃荼
309. 〃
310. 羅刹童
311. 羅刹童女

250・阿詣羅仙（p.189）

251・阿詣羅仙后（p.189）

252・瞿曇仙（p.189）

253・瞿曇仙后（p.190）

254・毘紐女（p.190）

255・自在女（p.190）

256・夜摩女（p.191）

257・賢瓶宮（p.191）

258・摩竭宮（p.191）

259・双魚宮（p.191）

260・羅睺星（p.192）

262・火曜(p.192)

261・木曜(p.192)

〈右〉265・亢宿(p.193)

〈中〉264・軫宿(p.193)

〈左〉263・星宿(p.193)

267・翼宿(p.194)

266・張宿(p.193)

269・氐宿(p.194)

268・角宿(p.194)

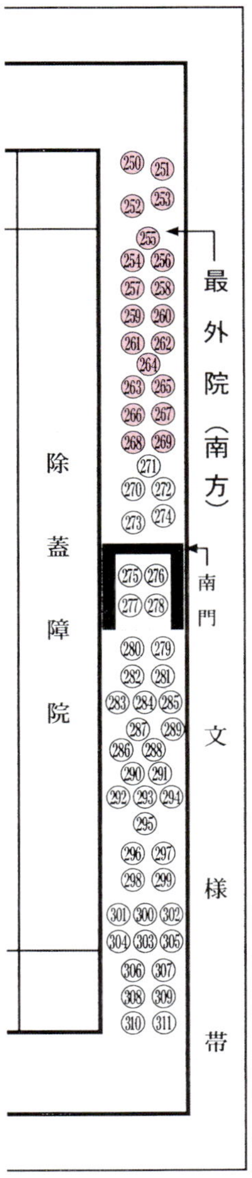

〈左〉270・薬叉持明女（p.195）

〈中〉271・薬叉持明（p.195）

〈右〉272・薬叉持明女（p.195）

273・増長天（p.196）

274・増長天使者（p.196）

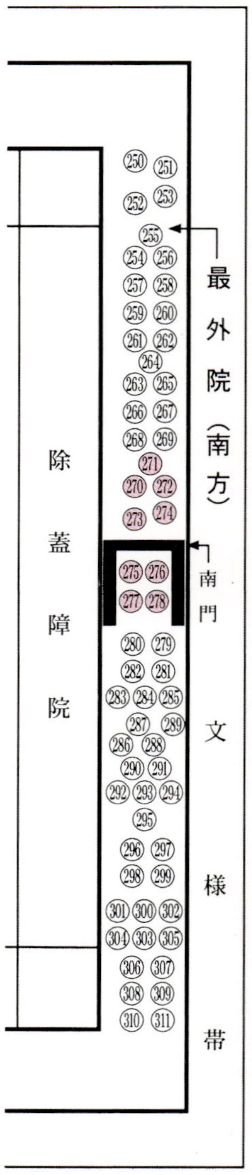

275・難陀龍王 (p.196)

276・烏波難陀龍王 (p.197)

277・阿修羅 (p.197)

278・阿修羅 (p.197)

279・焔摩天（p.198）

280・黒闇天女（p.198）

281・太山府君（p.199）

282・鬼衆（p.199）

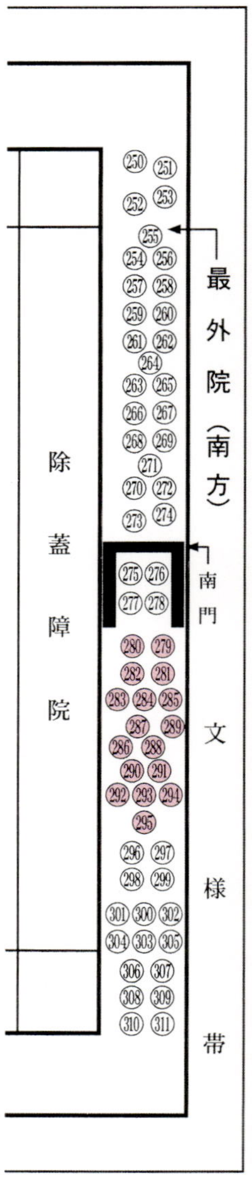

283・奪一切人命
284・毘舎遮
285・毘舎遮
287・毘舎遮
288・毘舎遮
286・毘舎遮
290・毘舎遮
289・毘舎遮
291・毘舎遮
293・荼吉尼
292・荼吉尼
294・荼吉尼
295・死鬼

296・歩多鬼衆（p.201）

297・歩多鬼衆（p.202）

298・歩多鬼衆（p.202）

299・歩多鬼衆（p.202）

〈中〉300・摩尼阿修羅（p.202）

〈左〉301・摩尼阿修羅眷属（p.202）

〈右〉302・摩尼阿修羅眷属（p.202）

〈中〉303・阿修羅（p.202）

〈左〉304・阿修羅眷属（p.203）

〈右〉305・阿修羅眷属（p.203）

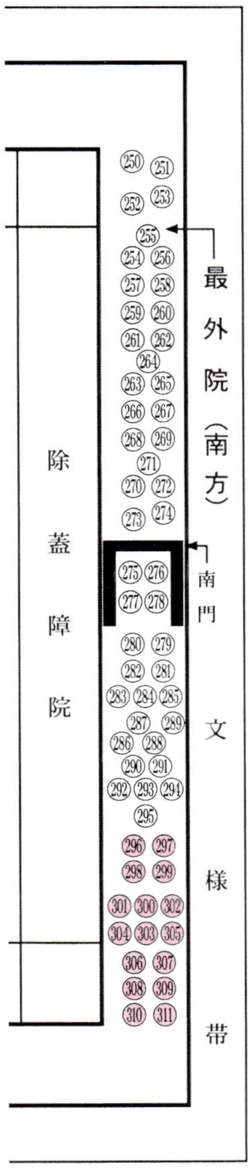

306・迦楼羅(p.203)

307・迦楼羅(p.204)

308・鳩槃茶(p.204)

309・鳩槃茶(p.204)

310・羅刹童(p.204)

311・羅刹童女(p.205)

312.涅哩底王
313.羅刹女
314.　〃
315.大自在天
316.大自在天妃
317.梵天女
318.帝釈天
319.鳩摩利
320.遮文荼
321.摩拏赦(女)
322.　〃　(男)
323.水曜
324.土曜
325.月曜
326.秤宮
327.蝎虫宮
328.弓宮
329.女宿
330.牛宿
331.斗宿
332.尾宿
333.箕宿
334.房宿
335.心宿
336.水天眷属
337.水天
338.難陀龍王
339.烏波難陀龍王
340.対面天
341.難破天
342.広目天
343.水天
344.水天紀
345.水天妃眷属
346.那羅延天
347.那羅延天妃
348.弁才天
349.鳩摩羅天
350.月天
351.月天妃
352.鼓天
353.歌天
354.　〃
355.楽天
356.風天妃眷属
357.風天妃
358.風天眷属
359.　〃
360.風天

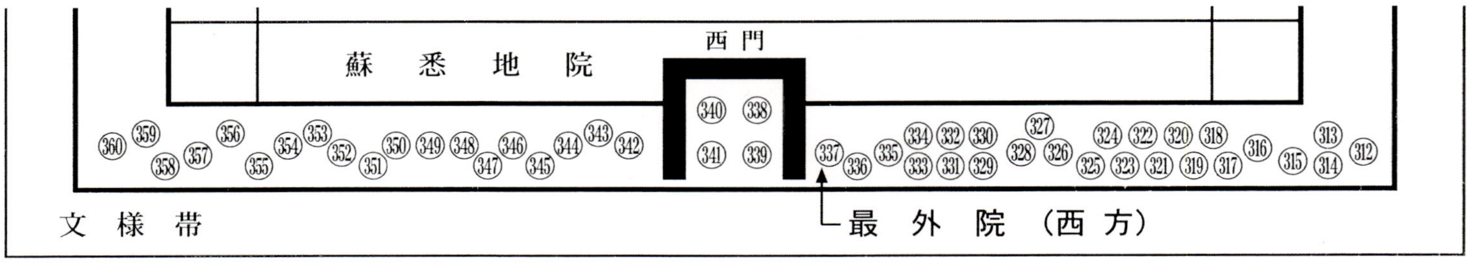

西　方

316．大自在天妃（p.208）
315．大自在天（p.208）
〈上〉313．羅刹女（p.207）
〈下〉314．羅刹女（p.207）
312．涅哩底王（p.207）

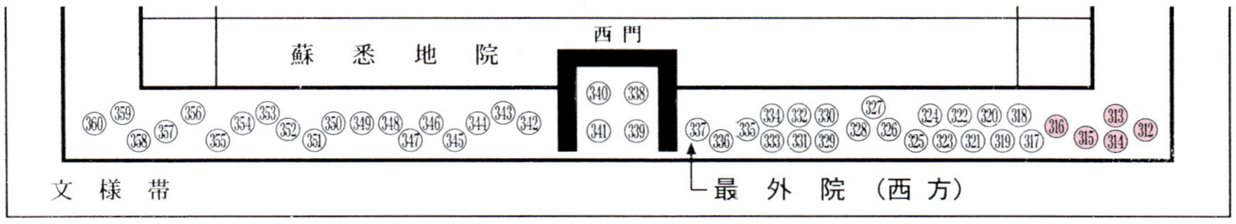

328.弓宮（p.212）
327.蝎虫宮（p.212）
326.秤宮（p.211）
325.月曜（p.211）
324.土曜（p.211）

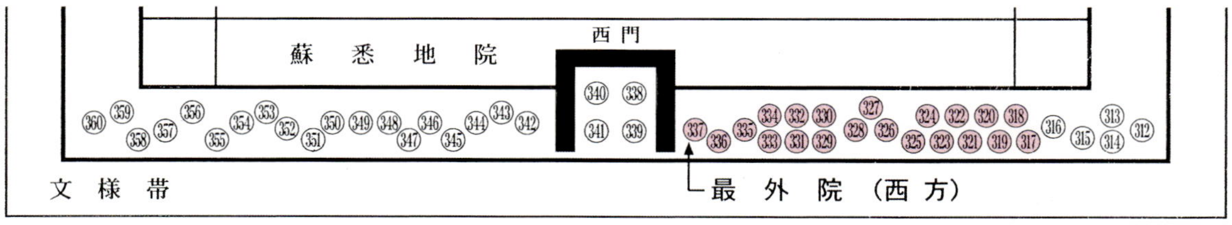

337.水天（p.215）
336.水天眷属（p.214）

322.摩拏赦・男 (p.210) 320.遮文荼 (p.210) 318.帝釈女 (p.209)
323.水曜 (p.210) 321.摩拏赦・女 (p.210) 319.鳩摩利 (p.209) 317.梵天女 (p.208)

334.房宿 (p.214) 332.尾宿 (p.214) 330.牛宿 (p.213)
335.心宿 (p.214) 333.箕宿 (p.214) 331.斗宿 (p.213) 329.女宿 (p.212)

339・烏波難陀龍王（p.216）

341・難破天（p.217）

338・難陀龍王（p.215）

340・対面天（p.216）

68%（→右頁100%）

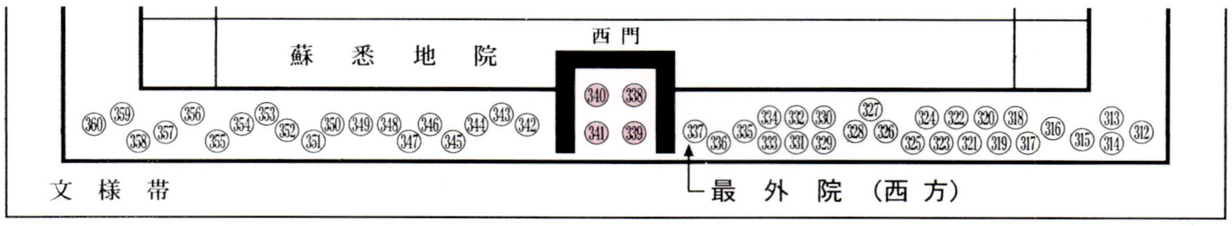

348.弁才天（p.220）
347.那羅延天妃（p.219）
346.那羅延天（p.219）

351.月天妃（p.221）
350.月天（p.220）
349.鳩摩羅天（p.220）

344.水天妃（*p.218*）　343.水天（*p.217*）　342.広目天（*p.217*）

345.水天妃眷属（*p.218*）

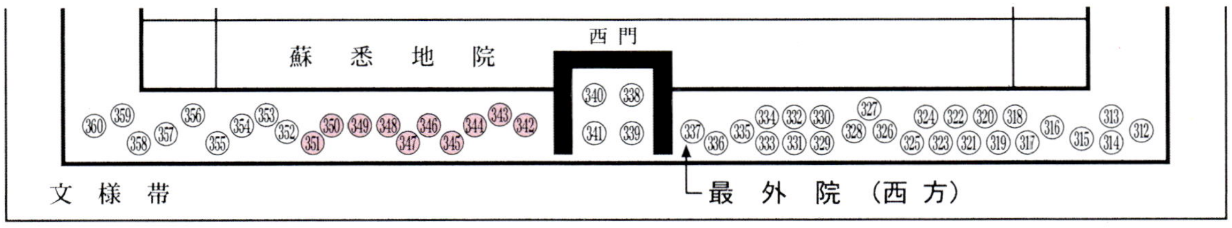

〈左から〉355.楽天/354.歌天/353.歌天/352.鼓天（p.221～2）

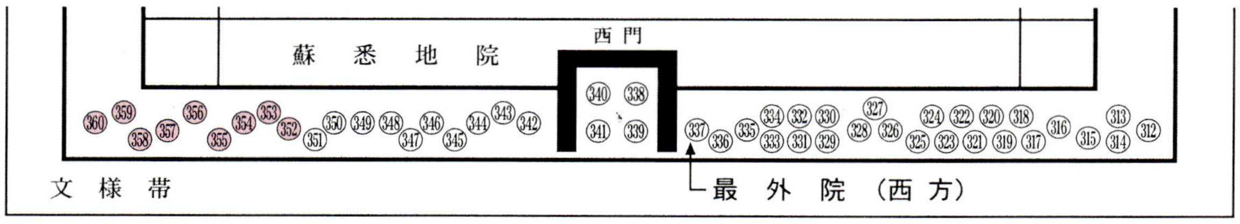

360.風天（p.223）
359.風天眷属（p.223）
358.風天眷属（p.223）
357.風天妃（p.222）
356.風天妃眷属（p.222）

北方

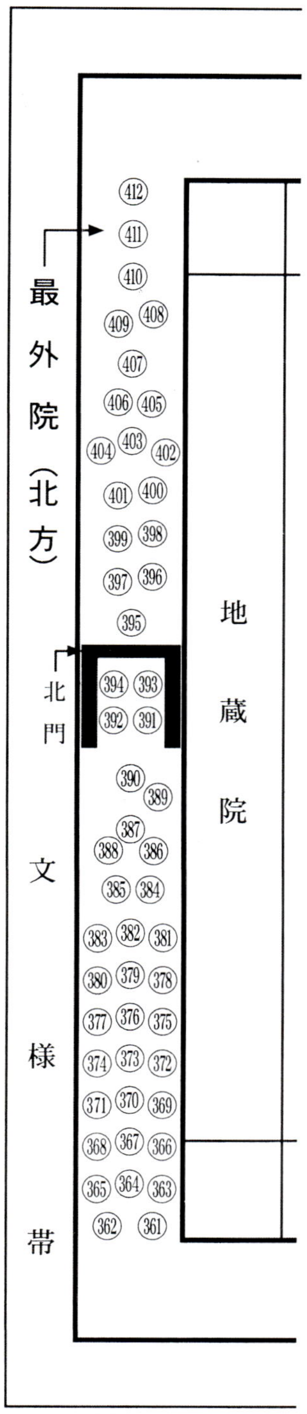

361. 風天眷属
362. 〃
363. 光音天女
364. 光音天
365. 光音天女
366. 大光音天女
367. 大光音天
368. 大光音天女
369. 兜率天女
370. 兜率天
371. 兜率天女
372. 他化自在天女
373. 他化自在天
374. 他化自在天女
375. 持鬘天女
376. 持鬘天
377. 持鬘天女
378. 成就持明仙女
379. 成就持明仙
380. 成就持明仙女
381. 摩睺羅迦
382. 〃
383. 〃
384. 緊那羅
385. 〃
386. 歌天
387. 楽天
388. 歌天
389. 帝釈天妃
390. 帝釈天
391. 倶肥羅
392. 倶肥羅女
393. 難陀龍王
394. 烏波難陀龍王
395. 毘沙門天
396. 成就持明仙
397. 成就持明仙女
398. 虚宿
399. 危宿
400. 室宿
401. 奎宿
402. 壁宿
403. 胃宿
404. 婁宿
405. 少女宮
406. 蟹宮
407. 師子宮
408. 金曜
409. 戦鬼
410. 毘那夜迦(歓喜天)
411. 摩訶迦羅
412. 伊舎那天妃

〈右〉369・兜率天女（p.226）
〈中〉370・兜率天（p.226）
〈左〉371・兜率天女（p.227）

〈右〉366・大光音天女（p.226）
〈中〉367・大光音天（p.226）
〈左〉368・大光音天女（p.226）

〈右〉363・光音天女（p.225）
〈中〉364・光音天（p.225）
〈左〉365・光音天女（p.225）

361・風天眷属（p.225）
362・風天眷属（p.225）

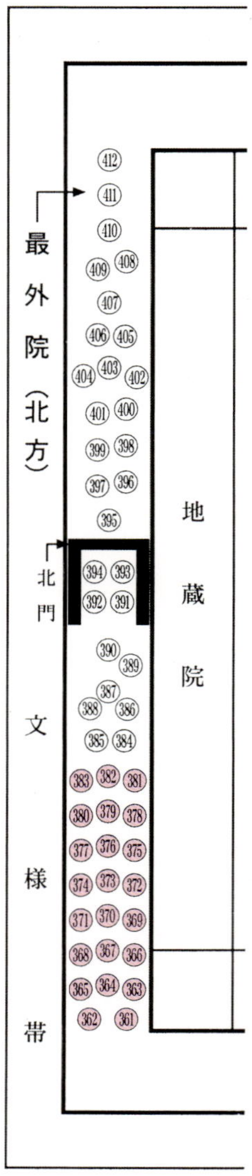

〈右〉381・摩睺羅迦（p.229）
〈中〉382・摩睺羅迦（p.229）
〈左〉383・摩睺羅迦（p.229）

〈右〉378・成就持明仙女（p.228）
〈中〉379・成就持明仙（p.228）
〈左〉380・成就持明仙女（p.229）

〈右〉375・持髪天女（p.227）
〈中〉376・持髪天（p.228）
〈左〉377・持髪天女（p.228）

〈右〉372・他化自在天女（p.227）
〈中〉373・他化自在天（p.227）
〈左〉374・他化自在天女（p.227）

390・帝釈天 (p.231)

389・帝釈天妃 (p.231)

〈中〉387・楽天 (p.230)

〈右〉386・歌天 (p.230)

〈左〉388・歌天 (p.231)

384・緊那羅 (p.229)

385・緊那羅 (p.230)

393・難陀龍王(p.232)

391・倶肥羅(p.232)

394・烏波難陀龍王(p.233)

392・倶肥羅女(p.232)

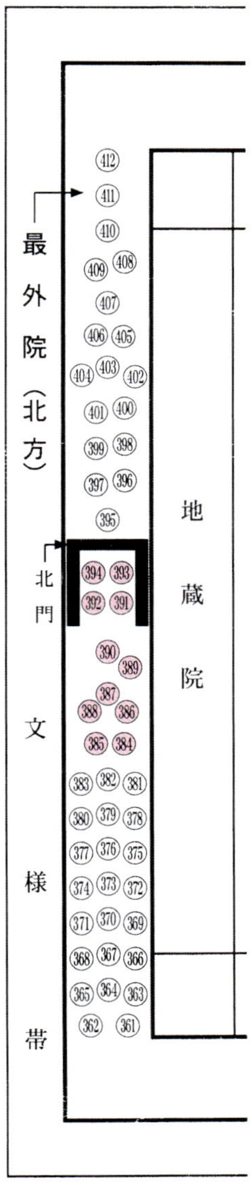

397・成就持明仙女（p.234）

396・成就持明仙（p.233）

395・毘沙門天（p.233）

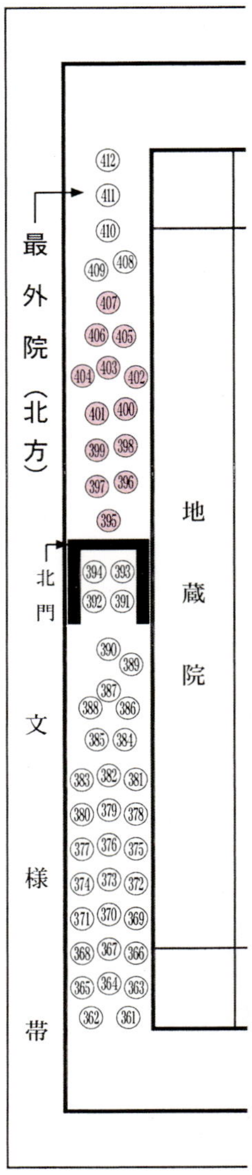

405・少女宮(p.236)

〈右〉402・壁宿(p.235)

400・室宿(p.235)

398・虚宿(p.234)

407・師子宮(p.237)

406・蟹宮(p.236)

〈中〉403・胃宿(p.235)

〈左〉404・婁宿(p.236)

401・奎宿(p.235)

399・危宿(p.234)

412・伊舎那天妃 (p.239)

411・摩訶迦羅 (p.238)

410・毘那夜迦 (p.238)

408・金曜 (p.237)

409・戦鬼 (p.237)

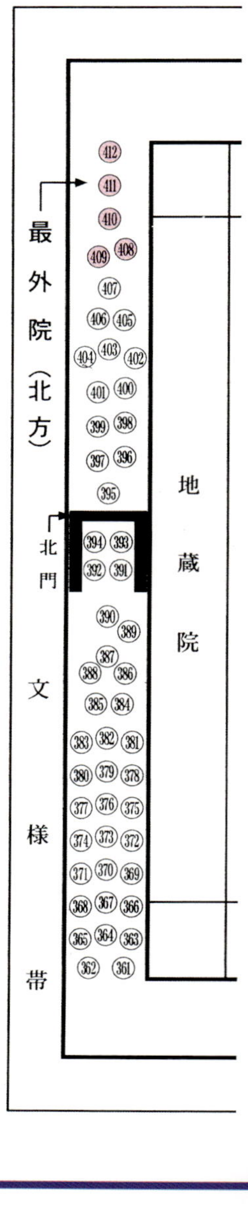

文様帯の一部・北方中央（100%）

文様帯の一部・北方中央（60%）

胎蔵曼荼羅・制作の記

白描下図の制作（昭和59年７月～61年８月）

１　悟りの極致― 中台八葉院《ちゅうだいはちよういん》

『大日経』による胎蔵曼荼羅。それをより深く理解するために同経の解説書である『大日経疏《だいにちきょうしょ》』も不可欠である。この経典、及び経疏の中で直接曼荼羅に触れるところは「入曼荼羅具縁真言品第二之一、及び第二之餘」の章である。

経にいわく、「方に等しく四門あり、其分剤を知るべし。誠心を以て殷重《おんじゆう》に、諸の聖尊を運布せよ。(略) 内心（中台八葉）をば妙白蓮にし、胎蔵は正に均等にして蔵中に一切の、悲生曼荼羅を造れ。(略) 八葉正しく円満にし、鬚蘂《しゆずい》皆厳好にして、金剛の智印を、遍《あまね》く諸葉の間より出せ。この華台の中より、大日勝尊現じ給う。金色にして暉曜《きよう》を具し、首《こうべ》に髪髻冠《ほつけいかん》を持し、救世円満の光あり、熱を離れて三昧に住せり。」

ここまでが、胎蔵曼荼羅で最も重要な中台八葉院を記述した箇所である。この中に、大日如来の他に何を描けとも書いていない。中台の八葉も白蓮にせよと指定されるが、普通は赤色である。

この文章をさらに『経疏』で補うと、次のようになる。

「誠心を以て殷重に、諸の聖尊を運布せよとは、謂く図画せん時には、先ず瑜伽《ゆが》に住して、此の曼荼羅の大衆会の、一々の形・色・相貌・威儀・性類・座位・諸仏を観じて、皆悉《ことごと》く現前し、具足明了にして、然して後に無量の慇懃恭敬の心を以て之を彩画し、乃至《ないし》大小疎密の度も、又均《ひと》しく相称せしむるなり。

内心の妙白蓮とは、是れ衆生の本心の妙法芬陀利華秘密の幖幟《ひようじ》なり。華台の八葉は、円満均等にして、正しく開敷《かいふ》せる形の如し。(略) 正方の四葉は、是れ如来の四智なり。隅角の四葉は、是れ如来の四行なり。此れ約して現れて、八種の善知識となる。各金剛慧印を持つ、故に遍く諸の葉間に出づと云ふ。正しく此の蔵を以て大悲胎蔵（生）曼荼羅の体とす。」

これを読んで曼荼羅図を見ると八葉院の中に、なるほど、宝幢如来、阿弥陀如来、観自在菩薩などが出現してくる理由が解る。大悲胎蔵曼荼羅と呼ばれるとされている。

さらに同疏により、大悲胎蔵曼荼羅の本質を探ろう。

「行者の初めて一切智心を発すは、父母和合の因縁を以て、識の種子が初めて胎中に託するが如し。爾の時に漸次に増長して、行業の巧風の為に匠成せられ、乃至始めて誕育する時に、諸根百体は、皆悉く備足して、始めて父母の種姓の中に於て生ずるは、猶《な》ほ真言門に依りて大悲万行を学びて、浄心の顕現するが如し。又此の嬰童は、漸く人の法を具し諸の伎芸を習ふ。伎芸に已に通じて、事業を施行するは、浄心の中に於て、方便を発起し、自（の心）地を修治し、縁に随ひて物を利し、衆生を済度するが如し。故に大悲胎蔵生と名く。(略)」

これで大悲胎蔵生曼荼羅というのが、最も正しい呼び方であることが確認されるが、ここでは略して胎蔵曼荼羅としておく。

さて、胎蔵曼荼羅を見ると、そのほぼ中央に在り、まっ先に目に飛び込んでくる真赤な蓮華。それが中台八葉院である。

よく見ると、それは八枚の花弁をいっぱいに開いた蓮の花を上から見た形であることが解り、その中心に大日如来が描いてある。またその八葉には如来４尊、菩薩４尊が描かれている。これらの仏達は大日如来の心の働きを図全体に伝えるべく、逆に言えば、その各自の心の働きが最も大日如来にかなうべく、高い境地に達していると見なされて、その光栄に浴している方達である。いわば、ここに描かれた方達は、それを幾重にも取り巻く各部院の仏・菩薩達の代表者である。

大日如来と四仏・四菩薩との関係は、次の二通りの受けとめ方ができるという。(同疏による)

「中央の大日如来は、已に菩提を発起し悟りを開いた已成の仏であるが、その仏が衆生化益のため八相化儀の次第を示すため、菩提の行を起こし、証果を示し、無住処涅槃に入って、摂化方便の活動を示す。その化儀が果の上からは四仏となり、因の方面からは四菩薩となる。」(中因発心の立場)

「中央の大日如来は因位に於て、発心し、修行し、菩提を得、無住処涅槃に入るという径路を経て、今現に摂化方便の根源たる仏となったのであるということを示すので、四仏の初めたる東方を以て発心の因の位とする。」(東因発心の立場)

この解釈は、どちらも正しいのであろう。

以下、大日如来、及び各尊の図像についてふれる。

1　大日如来《だいにちにょらい》

大日如来は毘盧遮那《びるしやな》如来ともいう。太陽のエネルギーと光輝をイメージして出現したものだろうが、現実の太陽が明と暗を作すのと異なり、「一切処を照らし、大照明を作す、内外方処昼夜の別ある無し、復《また》次に曰《いわ》く、閻浮提《えんぶだい》に行けば一切草木叢林其の性分に随って各々増長を得、世間の衆務之れに因って成するを得。如来の日光遍く法界を照し亦能《よ》く平等にして無量の衆生の種々の善根を開発し、乃至《ないし》世間出世間の殊勝の事業之れに由て成弁を得ざる莫《な》し……」(大日経）という。

胎蔵曼荼羅の大日如来は理法身であり、本有の理徳を顕わすという。現図曼荼羅においての表現は、上記のように大日如来が俗界にも遍く通暁する尊なので如来としては特異な菩薩形であり、金色にして五智宝冠をいただき、赤蓮に座し法界定印《ほうかいじょういん》を結ぶ。菩薩形とは、出家前の釈尊の姿を投影し、俗にあって仏道に励む行者の姿である。

2　宝幢如来《ほうどうにょらい》

「次に四方の八葉の上に四方の仏を観ずべし。東方に宝幢如来を観ぜよ。朝日の初めて現じて、赤白相輝く色の如し。宝幢は是れ発菩提心の義なり。譬へば将軍の大衆を統御するに、かならず幢旗を得て、然して後ち、部分斉一にして能く敵国を破して大功の名を成ずるが如し。」(経疏第四)

宝幢如来は入衆の姿、初めて仏を見奉る姿である。悟りの大いなる喜びが得られるには、まず仏道に強固な志を立て、修行に邁進することによると説く。右手を与願《よがん》（右手を上に上げること。施無畏《せむい》ともいう)、菩提心の如意宝珠を衆生に与えようとする意志を表わす。左手は袈裟の両角を取り、左の乳の辺にあてて吉祥を表わす。

3　開敷華王如来《かいふけおうにょらい》

「南方に娑婆樹王の開敷華仏を観ぜよ。身相金色にして高く光明を放つ、離垢の三昧に住するが如き標相なり。始め菩提心の種子(中因）より大悲萬行（東行）に長養せられて、いま遍覚の萬徳開敷を成ず、故に名とす。」(同)

開敷華王如来は福田相（通肩のこと)。修行当位の仏で、国王に食を請うたり托鉢を行なう姿である。何事も修行実践が大切であると説く。右手は施無畏、修行により煩悩魔等の怖畏を除く。

4　無量寿如来《むりようじゆにょらい》

「次に西方に無量寿仏を観ぜよ。此は是れ如来の方便智なり。衆生界無尽なるを以ての故に諸仏の大悲方便も又終尽なし。故に無量寿と名く。」(同)

無量寿如来も福田相。これは坐禅の相である。弥陀定印（三毒を寂滅せしむる三昧を表わす）を結ぶ。仏の無量の慈悲を説く、私達に最も親しい尊。

5　天鼓雷音如来《てんくらいおんにょらい》

「次に北方に於て不動仏を観ぜよ。離熱清涼にして寂定に住する相に作《な》せ、此は是れ如来の涅槃の智なり。是の故に義を以て不動と云ふ。その本名には非ず。本名は当《まさ》に鼓音如来と云ふべし。天鼓の都《すべ》て形相なく、また住処も無けれども而も能く法音を演説して衆生を警悟するが如し。」(同)

天鼓雷音如来は偏袒右肩《へんだんうけん》。無住処涅槃に入り、四魔を降伏《ごうぶく》する。右手の触地印《しよくちいん》は降魔を表わすという。煩悩を断じた深い悟りの境地を高らかに人々に説く仏の姿である。

四如来の尊形は、各尊とも瑞相である螺髪《らほつ》形（髪の毛が右に渦を巻いていて、頭頂には肉髻《につけい》という盛り上りがある）に法衣（衲衣《のうえ》）をまとい、古代の沙門《しやもん》の姿である。その衣のつけ方は、右肩を出したもの（偏袒右肩《へんだんうけん》）と両肩を隠したもの（通肩《つうけん》）があり、前者は作業がしやすく、動きやすいような形であり、後者は盛装であるという。だから、この衣のつけ方だけでも、その仏の内心の働きを示しているのであって、無視できない。

こうした姿から、発心・修行・菩提・涅槃という一沙門の仏道成就のくり返される姿、またその無量劫の転生の果てに成道した釈迦如来、その悟り得た広大で量り知れない英知そのもの（理法身)、それを極めて具体的で明確に説く成道への図像であることを窺い知ることができよう。

以上が中台八葉院における大日如来と四如来との関係である。

話は変わるが、かつてある寺院で曼荼羅を見ていた時、ふと出て来られたそこの住職が八葉院を指し示しながら、「これは心臓です」と言われた。『大日経』『経疏』共に八葉の色は白蓮と説く。それは汚されない、浄らかさの象徴を意味するらしいが、胎蔵曼荼羅にあっては、やはり心臓の色、どきどきする程の赤であるのが望ましいようである。さらに私は、儀軌を知りながら、それを赤く塗りつぶした古《いにしえ》の絵師達の赤い血潮と熱い情熱をそこに見るのであるが、それは一人合点だと笑われても仕方のないことである。

(昭59・7～8)

普賢菩薩（左）と文殊師利菩薩

○

「正方の四葉は、是れ如来の四智なり。隅角の四葉は是れ如来の四行なり。此に約して現れて、八種の善智識となる。」（大日経疏）

今回は、如来の四行、つまり中台八葉院の中の四菩薩（普賢・文殊・観自在・弥勒菩薩）のお姿にふれる。いずれも菩薩形。

如来の四智ということを理解するのは、私達凡夫には大変難しいことである。釈尊の悟られたことは広大無辺であって、そのお弟子達といえども、教わったことはほんの一部に過ぎないのだろう。また、その理解の仕方に大きな個人差もあったと思われる。如来の「悟り」に少しでもふれるには、如来が修行されたやり方を自分でもやってみること。または、その教えのもとに善行を積み重ね、輪廻転生の壁をつき破り智の光明を仰ぎ見る……。

そのように厳しい修行に励み、人々の救済に心を砕いている人々、それを菩薩衆というのであろう。如来の教えの内容を理解するには、そのような菩薩達の修行の姿を通して、より身近に感得することができる。

中台八葉院の如来と、その身近に控える菩薩はそういう関係にあり、いわばチームを組んで私達に解りやすく語りかけている。

宝幢如来と普賢菩薩、開敷華王如来と文殊師利菩薩、最も良く知られる無量寿（阿弥陀）如来と観自在菩薩、天鼓雷音如来と弥勒菩薩はそういうめでたき関係にあるという。

以下、図に従ってその心にふれてみよう。

6　普賢菩薩《ふげんぼさつ》

大乗仏教の菩薩の中でも有名な尊だが、普賢とは普遍妙善という意味で、その作《な》すこと、語ること、思うことの清浄さ、力強さに対して諸仏が讃嘆して名付けたものという。その金剛（ダイヤモンド）のように浄《きよ》らかな心＝菩提心を堅持する菩薩として、宝幢如来の次に控えているわけである。何をやるにも心の中の灯が大事、つまりハートに感じなければ駄目だ。もし何かやる気を出したら、いい加減なところで止めるな、という意味だろう。

曼荼羅の中に普賢院というものは無い。しかし向かってすぐ右側（金剛手院）の第一列の中央に坐します金剛薩埵、この菩薩の本身は普賢菩薩だといわれる。その院を代表してここに居られるわけである。

その強固な精神を表わすのに三鈷剣を持ち、右手は三業妙善の手印を結ぶ。

瞑想してイメージを描く。

この菩薩は、『法華経』とその信者の守護尊といわれ、『法華経』が平安時代の女人達の心をとらえたことにより、その人々の心を支えるべき優美で典雅な「普賢像」が数多く作られた。

その中の最良のものが東京国立博物館にある。目もとやさしく、六牙の白象に乗って散華の中に現われる。象につけられた小さな鈴の妙なる音……私の絵も優しくなった。

この菩薩はしばしば曼荼羅を離れて、思いがけない姿で出現し人を驚かす。西行法師の前には遊女となって現われた。

7　文殊師利菩薩《もんじゅしりぼさつ》

最近刊行された永平寺貫首・秦慧玉《はたえぎょく》禅師（昭和61年没）の『好日好時』の中でもふれられているが、この数年、賛否両論の渦中にあった新型原子炉に「普賢」「文殊」と名付けられた。

文殊の智慧と、普賢の慈悲によって原子力をコントロールし、その上で人類の幸福を築くという意味らしい。ともあれ事故など起こさずに、勝手に付けたこの二菩薩の名誉を汚さないで欲しいと願うばかりである。

そういう物騒なものより、釈迦如来の両脇侍としての文殊と普賢には、読者の皆様、もっと別のイメージがおありだろう。

秋の夕暮れ時、松籟の中、私の目指す古寺の庭に二人の男が立って、何か談笑しているのが見える。一人は手に巻物を広げ、時々何かを朗詠し、もう一人は時々箒《ほうき》の手を休めてそれに聴き入っている様子。共に蓬髪、襤褸とした僧服、しばしばそろって呵呵大笑する。何を話しているのかわからない。近づいていくと一陣の風、落葉が舞う、気が付くと二人の姿がどこにも見えなくなっている……。

言うまでもないが、寒山《かんざん》（文殊）と拾得《じつとく》（普賢）である。しかし、この禅画のテーマは忘れなければならない。

文殊師利。「譬えば世間小児に父母あるが如し、文殊は仏道中の父母」とされ、智徳（利剣）をふるって一切の妄想・戯論を断つ。理性の前に闇は無いということだろう。大悲万行の徳そのものである開敷華王如来の菩薩形で、右手には般若経を、左手には五智を表わす蓮上五鈷杵を持つ。胎蔵曼荼羅では文殊院を代表して聡明に、凛然とおわします。

8　観自在菩薩《かんじざいぼさつ》

『大無量寿経』によれば、記憶力・理解力・判断力・精神力・智慧力のすぐれた法蔵菩薩が、もろもろの実践をなし、ほとけとなって一切の悩める人々に大いなる安らぎを与えようという願《がん》を立てられ、それを成しとげられて阿弥陀如来となられた、とある。ただし、その大願成就の前提には、「全ての人々が満たされないうちは、私の完成（成仏）はあり得ない」と言われた。そしてあらゆる救済をなされたのであろうが、それを具体的に、如実に示されるのが、観自在菩薩の菩薩行である。その意味で、観音様の宝冠には阿弥陀如来の化仏《けぶつ》を戴いている。

観音様は、一言でいえば「悲」の菩薩。その救済の功徳を表わすために、さまざまに変容した多目《たもく》・多臂《たひ》の数多くの観音像が生まれ、インド・西域・中国・日本等で最も広い支持を得た。老若男女、宗派を超えて。

困った時に助けて下さった見知らぬ他人のお顔が、後で思い出すと観音様に思えてくる。その優しさは「全てを与える」母の愛。女性の優しさとイメージが混同され、優美でふくよかな表現がなされた。

「観音様は女性ですか」とよく聞かれるが、経典の中では男性である。すぐ傍の「蓮華部院」を代表しておられるが、大悲胎蔵生曼茶羅に最もふさわしい菩薩である。

右手に開敷《かいふ》蓮華を持って法界の自性の清浄さを示し、左手の施無《せむ》畏《い》印は法界の自性を観察することにより、煩悩魔などの怖畏を除くことを表わすという。

妙観察智《みようかんざつち》（洞察）を以て、法界の実相を証悟する無量寿如来の菩薩形であるから、私もなるべく優しく、慈しみをたたえた表情にと思っていたが、なかなか難しい。目が笑えば口が笑わず、またはその逆だ。描きながら自分も笑顔を作ったりして、周囲の人に不思議がられている。

9　弥勒菩薩《みろくぼさつ》

無住処涅槃（生死を厭わず涅槃を欣《ねが》わずして、生死にも涅槃にも執着せず、衆生救済の慈悲活動に挺身する状能をいう）の上から、慈悲方便をもって衆生を教化することを示す。

四魔降伏の化儀を示す天鼓雷音如来の菩薩形で、左手の施無畏印は四魔降伏、無畏を得ることを、右手の蓮上澡瓶《そうびよう》の印は大慈甘露の水を衆生に注ぐことを表わすという。

弥勒菩薩は、釈迦入滅の後、五十六億七千万年後に人々の前に次の如来となって現われるという、未来を約束された菩薩である。この尊は釈迦如来がされたように、私達の中にあって修行され精進され解脱されて、また多くの人々を救済されることであろう。

発心から修行、菩提から涅槃へと釈迦の歩まれた道は私たち凡夫の規範である。その悟られた広大無辺の真理の全てそのものである法身・大日如来の姿は、仏教を志す者の悟りの極致である。中台八葉院はそれを簡明に示したものであろう。　（昭59.9）

2　多面多臂の忿怒像―持明院《じみょういん》（五大院《ごだいいん》）

曼茶羅を観るのは面白いが、描くのは何と手間のかかることか。つくづく、最近そう思う。ある時は自分の作品を古典の作品と比較してみて非力を嘆き、ある時は遅々として進まぬ現状に苛立《いらだ》ってくる。何かもっと簡単に描ける方法はないものかと苦慮しても、今やっている以上に堅実な方法は思いつかない。要するに下手なのである。

また、この仕事だけに専念したいと思っても、生活している以上は諸々の雑事に追いかけられる。一日の短いのが悔しい。前途を考えればつい絶望的になることが、こののんびり屋の私にだってある。しかし、それを他人に言ったって曼茶羅がひとりでに仕上がるわけではない。自分との闘いである。

そういう、ともすれば弱気になりがちな自分の心を引き立てるには、微笑《ほほえ》んでおられる心優しい観音菩薩にすがっても、仕方がない気がする。かえって怠け心を許してもらえそうで、ますます遅れそうだ。

そういう時、力強く、我武者羅《がむしやら》に突っ込んで行く勇気を養ってくれる仏が欲しい。あれこれいたずらに迷いにふける脆弱な心を断ち切って、火の玉になって仕事をしたい。そういう気持ちにさせてくれるのが、不動明王や降三世明王などの忿怒《ふんぬ》の仏達である。

激しく燃え上がった火焔の中、観る者を威嚇するように見え、また自らの使命感の激しさに自らを焼き尽くすかのようにも見える、凄まじい姿形である。

今の私に最も望まれる仏達。今回は、その仏達が座します持明院（五大院）を訪ねてみることにする。

この院の仏達には、尊容の点でもう一つ大きな特徴がある。多面・多臂・多目・多足という、密教独自の変容した仏達を含んでいるのである。これらの像が日本に上陸した時、さぞ人々を驚かしたことであろう。キリスト教や回教の人々から見ると、非常に複雑で異様に見えるらしい。

しかしそれらが何を意味し、何を内証としているかを知れば、私達の心強い味方であることが解り、いくらか親しみやすい仏達とな

降三世明王

ってくる。

それにしても、これらの像は画描き泣かせである。多面・多臂像は時間がかかって仕方がない。まさか一本手を抜いておくなどというわけにもいくまい。参った。

持明院は中台八葉院のすぐ下（西）にある院。１尊の静かなる菩薩像をはさみ、左右に２尊ずつ、紅蓮の中に忿怒《ふんぬ》像が描いてある。中台八葉院からどういう方向へ目を移すか、いろいろ説があるようだが、現在の私は、最も興味あるこの院の仏達にまっ先に取り組んだ。

この院の名称は、「是れ仏の持明使者なり」（大日経疏）とあるところからこう呼ばれ、５尊が描かれているので五大院とも呼ばれる。

那須政隆氏によると「この院は仏の徳用なる折伏摂受《しやくぶくしようじゆ》を表示する」という。要するに、悪人・悪法をくじいて正法に心服させ、善人を受け入れる仏の徳を表わしているということであろう。

栂尾祥雲氏によると「無間道の上から大日如来の断徳を示したものである」という。

難しいので、小峰彌彦師（観蔵院住職）に伺ったところ、「止むことなく限りなく続く煩悩を断ち切り、仏として解脱する徳を大日如来が示している」ということであった。

中心の般若菩薩は仏の大慈悲の精神を示し、一切の人々を救いとる(摂受)ことを示す。他の明王達は、仏の智慧を表わし、その智慧は仏法に服しがたい者達を折伏するところの智慧を表わすという。

明王とは、「正明の智を以て邪明を降伏する王」との意味。また、大日如来等の仏が明王のような忿怒形をとるのを教令輪身《きようりようりんじん》といい、それらは命令を受けて使者の役目を司《つかさど》り、悪を懲《こ》らしめる恐ろしい仏となる。不動明王は、そういう代表的な尊である。

次に５尊にふれておく。

87　般若菩薩《はんにやぼさつ》

般若（真理をはっきり見ること）の智慧を内証とされている。一切衆生に般若波羅蜜の智慧を与え五明甚深の義理を授ける。

「明妃の契、六臂、三目皆円満」、「天女の相に似て形貌端正」と記されていて、女人の姿であるらしい。羯磨衣《かつえま》（作業衣）を着るのは六度を行ずることを示し、般若の智慧の甲冑で身を固めておられる。面上の三目は三部の智根を、六臂は六波羅蜜を表わす。左手第一手に般若経を持ち、第三手は三摩地に住する相。右手第一手は説法の印、第三手は与願、また左右の第二手は共に三鈷の印である。

つまり、「三業を堅実にして般若の法を説き、これによって自心を守り、以てその徳を他に与えんとする活動を表わす」（那須政隆氏）という。初期の土壇による曼荼羅において、この尊の座所はもともと『般若経』を誦する場所であったらしい。この尊と、後述の大威徳明王、及び勝三世明王のことは『大日経』に記述が無く、現図曼荼羅に近づく過程の中で、付け加えられたものらしい。

88　大威徳明王《だいいとくみようおう》（六足尊《ろくそくそん》）

閻《えん》（炎）曼徳迦《まんとくきや》と称し、悪を静めるとの意味がある。阿弥陀如来の教令輪身、文殊菩薩の所変という。あの阿弥陀如来がこんな形相に怒られるとは！　「大人《おとな》しい人程、怒ると怖い」という。よく水牛に跨った姿に描かれるが、ここでは火炎髪、六面（三面二重）で各三目。左右第一手で大独鈷印、他の手に利剣、棒、三叉戟《げき》、宝輪。虎皮裙《こひくん》を腰に巻き、盤石（瑟々座《しつしつざ》）に坐す。毒蛇や悪竜をも降伏《ごうぶく》するという。

89　勝三世明王《しようざんぜみようおう》／90　降三世明王《ごうざんぜみようおう》（抜折囉吽迦囉金剛《ばじらうんからこんごう》）

この２尊はもともと同一本誓《ほんぜい》の明王であるという。従って経典に詳しい降三世明王について記す。

降三世とは、その義によって名付けられた尊号という。人間の煩悩である貪《とん》（貪欲）・瞋《じん》（怒り）・痴《ち》（愚痴）を三世といい、これを降伏するが故に降三世と称する。また人間のさまよう三界の主を降伏するが故に、ともいわれる。「威猛の焔囲繞《いによう》し、宝冠に金剛を持し、自の身命を顧みずして専請《せんしよう》して教を受く」（大日経）とある。

尊容はご覧の通りで、実に８臂。炎々ともえる焔の中で、８本の手がさまざまな武器をふり回し、大声で真言を誦えるさまを想像すると実に怖い。つい、自分の心の中に何かやましいことが無かったかどうか、（実は大いにあるが故に）心が怪しく動揺する。

勝三世明王も内容は同じなので省略する。

91　不動明王《ふどうみようおう》

梵名を訳して不動尊、不動使者等と称される。毘盧遮那仏《びるしやなぶつ》（大日仏）の化身であり、その教令輪身。諸明王の総主である。画や彫刻に表現された猛々しい容貌と、その本願とはいささかイメージが異なるかもしれない。

『大日経疏』によると「此の尊は大日の華台《けだい》に於て久しく已に成仏せり、三昧耶の本誓願を以ての故に、初発大心の諸相は、不備の形を示現して、如来の僮僕給使となりて、諸務を執作す」とある。何と見上げたことか。またあのお顔に似合わず何といじらしいことか。「他人は、見かけだけで判断できない」

また、別記に「我が身を見るものは菩提心を起し、我が名を聞くものは悪を断ち善を修し、我が説を聞くものは大智慧を得、我が心を知るものは即身に成仏せん」とある。念じれば必ずご利益があるとの民間の信仰も篤く、さまざまな伝説も生まれた。弘法大師請来仏のスーパースターである。

尊容もさまざまに生まれたが、高雄《たかお》曼荼羅あたりに見られる原型は意外と単純である。「童子の形に作せ。其の身は卑《いや》しくして充満なり」とある。右手に煩悩・所知の二障を断除する幖幟《ひょうじ》たる利剣、左手に一切の衆生を正道に引き入れる本誓を示す羂索《けんざく》を持つ。

曼荼羅では描かれないが、不動尊の下によく控えている衿羯羅《こんがら》・制咤迦《せいたか》の二童子のあどけなさに、不動尊の純粋な本誓が最も良く表現されているのではないかとも私は思った。

持明院は日頃、煩悩にまどわされ勝ちな私達の心を励まし、邪悪をくじき、正しい方向へ向かわせようとする教令輪身の仏が待機しておられるところである。

否、すでにそこを飛び出し、私の心の中に入り込んで、その猛烈な威力を発揮して下さっているのかもしれない。　　（昭59.10）

3　智慧の豊饒―遍知院《へんちいん》（仏母院《ぶつもいん》）

大変な暑さに見舞われた今年の夏であったが、それでも楽しい思い出も残してくれた。

私にとっての思い出の一つに、8月21日（火）、新宿の厚生年金ホールで行なわれた「密教を聞くの夕べ」がある。

それは真言宗豊山派の方々の主催になるもので、大阪太融寺住職・麻生恵光師の興味あるお話と、喜多郎氏のシルク・ロードにちなむ音楽とで構成されていた。

お話の方もさることながら、音楽の方に私は多大な興味を持っていた。というのは、氏が以前密教に並々ならぬ興味を持ち、ある方に教えを受けたこともあるということを聞き及んでいたからである。私と、同行の二人の中学生との席がスピーカーのすぐ傍だったので、大音響の中、その音楽を十二分に堪能させていただいた。そしてプログラムも全て終わり、ホッとした途端に、私はさまざまな思いにふけったのである。

主催の事情もあり、その日は多くの年配の方が見えておられたが、おそらくこのようなシンセサイザーを使った大音量の音楽会はもの珍しかったに違いない。もちろん若い方々も大勢見えていた。それらの方々が、最後まで興味深げに、また楽しそうに耳を傾けておられた。曲名は「地球創成」「絲綢之路」「神秘なる砂の舞」等々。複雑なシンセサイザーにシタール、和太鼓等の古典楽器を加え、ある時は微かに、ある時は激しく私達の心を揺り動かした。その中から、風のさざめき、鳥の唄、砂塵のぶつかり合い等、森羅万象のさまざまな声を聞き取ることができた。会場の方々も、さまざまな状景を想像され、また音の流れに身を委ねられたに違いない。

同行の二人の少年に「密教を聞いたかい？」と尋ねたら、「フフ……」と笑っていた。

私より純心で素直な二人は、私の数倍も密教を聞いたに違いない。私達の周囲には、耳に聞こえるもの、目に見えるもの、臭ってくるもの、味わってわかるものがある。受け取る人の心が正しければ正しい程、それを通して仏・菩薩の声を聴くことができるという。

密教では特にそういうことを大事にするようである。喜多郎氏は音で曼荼羅を描いているのであろう。

私も曼荼羅と取り組んでいるが、古典の形を写すだけに終わらせたくないと思っている。何をつけ加え、何を省くか、この夜の音楽を聞き終わって考えさせられた。見る人を捉えるには何が必要か……。

昨日も、今日も（おそらく明日も）デッサンをし、線描を起こしている。

既に秋風が立ち、私がこの仕事をお引き受けして一年目を迎えようとしている。観蔵院（東京・練馬）の新本堂も、7月24日、棟上げ式が行なわれ、その形も整ってきた。その中を荘厳すべく、私も急がねばならない。しかし完成迄の道のりは、シルクロード程も遠い。

「図画を仮りて、悟らざる（人々）に開示す種々の威儀、種々の印契、大悲より出でて一覩《いつと》に成仏す」（弘法大師）

遍知院は中台八葉院、持明院と共に仏部と呼ばれる。『大日経疏』の「大凡そ此の第一重の上方（遍知院）は是れ仏身の衆徳荘厳なり。下方（持明院）は是れ仏の持明使者なり。皆如来部門と名く」とあるによる。

大日如来の無間《むけん》道、解脱道、勝進道を意味するという。煩悩にまどわされぬ境地、それをつき抜けて悟りに到った境地、さらにその智慧の功徳を遍く他にふり注ぐ境地、とでも言えば簡単すぎて専門家の方に叱られようが、それを図像化したものである。

この院の中央の遍智印、また般若仏母（仏眼仏母）・七倶胝仏母等がおわしますにより、遍知院、または仏母院と呼ばれる。

一切如来智印

10　一切如来智印《いつさいによらいちいん》（遍智印《へんちいん》）

不思議な形だ。ここに描いたものは、高雄曼荼羅のものを、ほぼそのまま写したものである。このような象徴的な図像は胎蔵曼荼羅では珍しく、むしろ金剛界のどこかにでも見られそうである。ここには、主観をさし挟む余地が無い。

『大日経』具縁品によると、「諸仏の印である、鮮やかな白い三角形（一切遍智印）が蓮華の上にあって、白い光に取り囲まれているのを描きなさい」という意味が説いてある。

また、同経・秘密曼荼羅品には「商佉《しようきや》（螺貝）色の月輪《がちりん》のようなものの中に、白蓮上に三角形を描き、その三角形の中に五股杵を、またその頂上に梵字アンを描き、三角形の両端から二筋の光明が発している」と記述されている。

この二つのイメージが混合し、「アン」字と金剛杵は卍字に置き換えられている。

この卍字は昼間の太陽や光明を意味し、または夜の太陽、さらに破壊を象徴するという。卍字はさらに月・星・火・風・電火（光）・流水等も表わすようになり、また繁栄・幸福・祥瑞の兆相として広く用いられるようになった。そして如来の智慧の火を表わす金剛杵や煩悩断除を表わす「アン」字の代用として、このマークが描かれたという。

さらに「若し仏位究竟に到る時は衆徳円満すること猶し満月の如し、故に三角の上に更に円輪あり」という智証大師のお言葉をもってすれば、この図像の意味もさらによく解る。私はこの三角形に、どっしりと足を組み、禅定に入られた釈迦の面影を思うのである。

11　仏眼仏母《ぶつげんぶつも》

高山寺の高徳・明恵上人の念持仏が「仏眼仏母」尊であったことは有名で、これにご生母の生前の面影を偲ばれたという。その名画をご覧になった方も多いと思う。

『般若心経』の「三世の諸仏は般若波羅蜜多に依るが故に阿耨多《あのくた》羅三藐三菩提《らさんみやくさんぼだい》を得たまへり」の、その般若の徳を擬人化したものという。つまり般若（真理をはっきり見ることのできる智慧）を通してあらゆる三世の諸仏が生まれるわけであるから、その仏母と呼ばれるのである。従って釈迦牟尼仏の母とも言える。

明恵上人の「仏眼仏母図」は、世の数多い仏像と異なり、「この般若の自性清浄を白衣に描く」（大日経）の通りであり、清々しく、いかにもこの方の念持仏たるにふさわしい。

12　大勇猛菩薩《だいゆうみようぼさつ》

「復《また》彼の南方に於ける救世の仏菩薩は、大徳聖尊の印なり、号して満衆願と名く、真陀摩尼珠《しんだまにじゆ》を白蓮の上に住せしむべし。」（大日経）

菩薩の活動の大勇猛活発なることを示しているわけであるが、宝珠でもって衆生の摂化の活動を、右手の三鈷剣でその厳しい心持ちを表わしているのであろう。

私は少し怖い顔にしてみたつもりであるが、いかがなものであろう。

経典には以上の３尊を描く指示があるが、ここにはさらに数尊、つけ加えられている。「余地があれば」ということで、そこにふさわしい尊の追加が認められている。こういうことにより、空海請来の曼荼羅の完熟度がわかる。以下の尊像はその追加のもの。

13　七倶胝仏母《しちぐていぶつも》（准胝観音《じゆんていかんのん》）

菩薩の功徳の多大なることを伝えんが為にこういう形を生み出したのであろうか？

「七億仏の母」と称せられるという。また、すぐ傍の蓮華部院の仏母ともいわれ、その絶大なる徳性を示すと共に、この位置に描き加えられた必然性も納得できるわけである。実に左右18臂（腕）――指の数は90本あるわけで気が重い。また宝具も多い。有難や、有難や。

先月号の原稿を出した後、ある忿怒の像の足に、指が４本しか描いてないことに気がついた。実に申し訳ないことである。

14　大安楽不空真実菩薩《だいあんらくふくうしんじつぼさつ》（普賢延命《ふげんえんめい》）

准胝観音に対応する位置にある。「真実空しからず、必らず大安楽を与へんとの本誓に勇猛なる菩薩」（栂尾祥雲氏）という。20臂。さまざまな法具を持ち、金剛界曼荼羅の諸尊をも摂集しているという。

15　優楼頻羅迦葉《うるびんらかしよう》／16　伽耶迦葉《がやかしよう》

この２尊は、もとはバラモンの徒（外道）であったが、後、釈迦に帰依して正しい道に入ったという。遍智印の上に描かれたのは、仏の勝れた智慧により摂化されたことを示すとも、釈迦院に本来居るはずが、そこが狭すぎるためここに描かれたとも言われる。

あらゆる仏達は正しい智慧の光の中から誕生された。諸仏の母達の鎮座ましますこの院は、光あふれる豊饒の海であったのである。

（昭59.11）

4　大慈・大悲の群像―蓮華部院《れんげぶいん》（観音院《かんのんいん》）

秋は勉強するのに最も適した季節である。

暗中模索の中にある私の仕事も、それなりにある一定の進展を見た。季節の歩みと共にある日々の雑感を、手元のノートに記しているが、今回はそれを生の形でお伝えし、いくらかでも興味を持っていて下さる方々に近況のご報告をしたいと思う。

以下は「制作雑記」の断片をそのまま綴ったものである。

1984.9.21（金）　胎蔵曼荼羅の鉛筆デッサンが、中台八葉院・持明院・遍知院・蓮華部院・金剛手院・釈迦院・文殊院・除蓋障院・地蔵院を終わり、現在、蘇悉地院に入りつつある。残るは虚空蔵院・最外院のみ。何となく、今一つ、小さな山を越えつつあるなという気持ち。少しホッとする。何と言っても、デッサンを早く完成させなければ……。しかし、確実でなければならない。

9.22（土）　夕刻迄仕事。かつての教え子（芸大生他３名）来宅。10時過ぎ迄相手。再び仕事。夜中に蘇悉地院を完成。疲れる。

9.24（月）　今日より虚空蔵院に入る。緊張。忍辱波羅蜜の手に持っているのは何か？　夜、修禅寺の大日如来と北条政子の関係を追うテレビ番組を見る。大日如来のお顔が厳しい。

※羯磨衣《かつまえ》についてさらに調べておくこと。デッサン、６体。共発意転輪菩薩の持物を独鈷に描くは間違い。三鈷に修正しておくこと。

9.26（水）　夜半目覚めて、そのまま起きて仕事。（秋はこれだから良い）最後の数尊が気がかり。虫の音そぞろ。

9.28（金）　難関の一つ、一百八臂金剛蔵王菩薩と格闘。手が左右100本あまりあるので厄介。全体のバランスを取るのが難しい。秋の穏やかな日射しのもと、何事も起こらずこうして尊像と向かい合っている至福。使命感のみではない。私自身の為に。深夜迄仕事。

9.30（日）　夕刻、金剛蔵王菩薩のデッサンを完成。疲れる。しかし喜びは大きい。外は静かな黄昏。銀灰色。ラジオからバッハの「シャコンヌ」。

多臂像と不思議にイメージが合う。千手観音への手掛りを摑んだ感じがする。

10.1（月）　千手千眼観音のデッサンに入る。終日、化仏《けぶつ》と顔のバランスに苦しむ。

10.2（火）　夜中、午前０時半。本日の「仏画教室」の為に、仕事を中止。千手観音のデッサンは時間がかかるなー。

10.3（水）　千手観音は、小さな無数の手を描く直前迄進んだ。明日完成か？　今日は雑用が多く仕事が進まず。早く最外院に入りたい。

※これ迄描きためたデッサンに万一のことがあってはならない。早くコピーを取っておくこと。（就寝の時はなるべく身近に置いておくこと）

10.4（木）　千手観音を完成。肩の荷が一つ降りた。

※武器は小さ目に。日、月の中の鳥、兎については、さらに調べておくこと。

10.5（金）　婆蘇仙・吉祥天・飛天も終わる。これで最外院を残すのみになり嬉しい。秋は短い！　頑張らねば。

以上が、私の「雑記」の断片。

さて、蓮華部院（観音院）には尊21、その使者（伴尊）16、計37尊がまします。

ここには慈悲の象徴である主尊・聖観音菩薩とその変容が縦３列、横７列に並び、その間に使者が坐しておられる。

また、これとまさに対称的な位置に金剛薩《さつ》埵《た》を主尊とする金剛手院があり、ともに胎蔵曼荼羅の最も主要な位置を占めている。

観自在菩薩と金剛薩埵は、古く釈迦如来の両脇侍とされたという。この両菩薩の徳が増大し、蓮華部院・金剛手院となり、曼荼羅の中では大日如来の大悲と大智をそれぞれ表わすことになった。

さらに先号でふれた遍知院中の仏眼仏母尊の働き（つまり衆生の眼《心》に潜在している仏眼を見開かせ、煩悩から解き放ち、正しく物が見えるようにして、続々と仏性を宿らせる）を、蓮華部院の諸尊は引き継いでおられる。阿弥陀如来との関係もすでに説いた。

母親が、正しく物を見る心を優しく子供に教えるごとく、観音は私達に語りかける。手にされる蓮華はその心のシンボルであり、この院は限りない優しさ（慈悲）にあふれた蓮華の園である。

『大日経』『大日経疏』には縦第一列の７尊の記述しかないが、『不空羂索神変真言経』他の経典等に書かれた観音像もつけ加えられ、この院をさらに豊かなものとしている。

観世音（または観自在）菩薩は、その限りない優しさの故に、どちらかと言えば女性的な尊影を持つのも人情の求めるところで仕方のないことである。ある人は恋人の面影を、またある人は母親や姉妹の面影をその中に求めた。また、失われた命を嘆く者には、その心を和らげるべく、優しい姿で語りかけられる。

夏目漱石『彼岸過迄』の文中。

――「ちょっと貴方《あなた》」とお仙（母親）が松本（父親）を顧りみて、「まるで観音様のように可愛《かわい》い顔をしています」と鼻を詰《つま》らせた。

松本は「そうか」と言って、自分の坐っている席から宵子の顔を覗き込んだ。――

漱石自身、幼な子を失った直後の作品である。私も幼い妹と死別した。悲しみを知る人には、いやまし観音菩薩像が心の中に大きく育まれていくに違いない。

17　聖観自在菩薩《しょうかんじざいぼさつ》

一般に観音様というと１面２臂（手)。一方に蓮華を持ち、宝冠に阿弥陀如来の化仏《けぶつ》を戴き微笑《ほほえ》んでおられる――そのイメージがこの聖観音菩薩にある。観音院の主尊。

本来人間の一人一人の中には、泥沼に咲くにもかかわらず清浄さを保ち続ける蓮華のような仏心があることを観察し、それを開かしむる本誓を持つという。

そのお気持ちを蓮華を咲かせるポーズで示しておられる。一説には「観音菩薩は已に仏になっておられる。正法明如来と号され、大悲願力があり、衆生を安楽させる志のもとに、今だに菩薩形として現われている」とあり、人気の程も、他の如来方に負けない。

以下の観音像は、変化の観音像である。

18　蓮華部発生菩薩《れんげぶほつしようぼさつ》

『大日経』では、ここに耶輸陀羅《やしゆだら》を描くことになっているが、対になっている金剛手院の同位置の発生金剛部菩薩にあわせて、この尊が描かれている。観音菩薩の大いなる慈悲心により次々に誕生する仏達。その心の尽きせず大なることを表わす菩薩。観音グループの第一の座の為に生み出された観音像である。

19　大勢至菩薩《だいせいしぼさつ》

「世の国王・大臣のように、威勢自在なのを名づけて大勢至菩薩」という。仏の智門を司り、菩提心を発《おこ》すという。聖観音と共に阿弥陀如来の脇侍とされて、法隆寺の壁面を飾った。智に裏付けられた心の働きの盛んなことを示すのである。

20　毘倶胝菩薩《びくちぼさつ》

観音菩薩の怒りの時、額の皺《しわ》から生じたという（この創造力の奇抜さ)。『大日経』では「三目、髪髻《ほつけい》を持し尊形は皓素《こうそ》の猶《ごと》し」とし、曼荼羅では女形・４臂。観音の大悲の威力を白く輝くものとして示している。観音の怒りの化身は珍しい。そしてその怒りの力が、上の大勢至によって倍増されている。

21　多羅菩薩《たらぼさつ》

多羅《ターラ》という梵語には、眼という意味と救度という意味があるという。いろいろな解釈があるようだが、仏陀瞿呬耶《ブツダグキヤ》（８世紀、インドの密教学者）は「観自在菩薩は自ら修した無量の福智聚を、無辺の一切有情に廻向《えこう》して之れを度脱するけれども、此等の衆生は無尽であって悉《ことごと》く之れを生死より救度し尽すことができない、之を観じて生ずる大悲力の涙より多くの多羅女が流出し、一切有情を救度する形となった」という。つまり自他分かちなく大悲の行をし、それによって心垢を浄除する力を表わす。『大日経疏』では「中年の女人の状になせ」とあり、羯磨衣《かつまえ》（女着）をつけている。慈悲の涙の尊である。

22　大明白身菩薩《だいみようびやくしんぼさつ》

本来はここに白処菩薩（女形）がくるはずが、図では同本誓のこの尊が描かれている。清浄無垢の尊といわれ、上の多羅尊の浄除を強調。上に女形が並ぶため男形のこの尊を入れたらしい。無上の浄らかさ――やはり白蓮華以上のものは無い。

23　馬頭観音菩薩《ばとうかんのんぼさつ》

一昔前迄、古い田舎道の脇によくこの尊の石碑が見られた。蓮華部の教令輪身《きようりようりんじん》（姿を変え悪と闘う使者)。従って馬頭明王ともいう。諸菩薩の大悲の心、また迅速に不休に精進するその働きをも示すという。飽かずに草を食む馬がそのシンボル。故に畜生道の教主、馬の守護神とされた。馬と密接な関係にあった昔の人々に尊崇されたわけである。

24　大随求菩薩《だいずいぐぼさつ》

与願金剛。衆生の求めに応じて、限りなく施与する観音の慈しみの深さを表わす。

25　窣覩波大吉祥菩薩《そとばだいきちじようぼさつ》

利楽金剛。一切衆生の生死の間に、自在楽を得しむる徳を司る尊。左の蓮華は衆生の心、右は仏の心、生仏不二を表わす。

26　耶輸陀羅菩薩《やしゆだらぼさつ》

悉達《しつた》太子夫人・耶輸陀羅（羅睺羅《らごら》の母)。一切衆生の菩薩の種子を安立し、この中の種々の功徳を含蔵し出生する能力を示すという。

（昭59．12）

如意輪菩薩

○

私の住む東京・奥多摩の風景も、ますます彩りが豊かになりつつある。深夜はめっきり冷えこんで、寒いくらいになってきた。仕事をするのに、もう数回ストーブに火を入れた。

10月一杯で最外院の東・西部分のデッサンを終了。残るは南・北のみ。あと一息である。早く一枚の曼荼羅にまとめて、眺めてみたいという気持ちが仕事に拍車をかける。

しかし常に順調に仕事が進むとは限らない。特にデッサンを墨線になおす時、その時の気持ちの状態がはっきりと写し出される。調子の悪い時は、線がたどたどしくなり、無気力で、狂いが多くなり、修正にかなり時間をとられることになる。

また時には、たとえようもない孤独感におそわれることもあるが、いずれにしても、そういう状態は私自身の精神の脆弱さに原因があろう。

その日のくぎりの為に、深夜仕事をしているような時、さまざまに気持ちが乱れ、神経が筆先に集中しなくなることがある。

そうした苦渋に満ちたある夜、ふと、「南無大師遍照金剛」という言葉がすらすらと口に出た。続けて５回ほど口にした。

よく巡礼の人がそれを唱え、「同行二人」を背に旅をされるが、紙面の上で旅をしている今の私の孤独な歩みの中に、これほど自然で力強い励ましの言葉は無いのではなかったか？

それ以後、いつも背後に大師が立っておられ、しっかりと大きな目で見守って下さっているような気がしている。

「自信を持ち、勇気を出して頑張りなさい。私だって生死を顧みずに海を渡り、苦しい中を曼荼羅を抱えて帰って来たのだよ」

「南無大師遍照金剛」。今では時々、この言葉を口にしつつ筆を握っている。

それ程でなくても仕事に倦んだ時は、音楽を聴き、読書で気分転換をすることもある。音楽は理屈抜きに心をほぐしてくれるし、書物の中には私達を慰めてくれる珠玉の言葉がある。気楽に開いたページに、その時々描いている仏尊についての文章を見出すことも多い。

——仏は常に在《いよ》せども、現《うつつ》ならぬぞあわれなる。人の音せぬ暁に、ほのかに夢に見えたまふ。

——観音大悲は舟筏《ふねいかだ》。補陀落海《ふだらくかい》にぞ泛《うか》べたる。善根求むる人し有らば、乗せて渡さむ極楽へ。

——観音光を和らげて、六つの途《みち》をぞ塞《ふさ》げたる。三界業生を受ける人、遣《や》らじと思へる慮《こころ》にて。

——観音誓《ちか》ひし弘《ひろ》ければ、普《あま》ねき門《かど》より出でたまひ、三十三身に現《げん》じてぞ、十九の品《しな》にぞ法《のり》は説く。

平安人の俗謡集『梁塵秘抄』の中に、当時の人々の率直な宗教的心情が滲み出ている。

さて、先月に続く蓮華部院（観音院）。今回は残りの11尊である。

27　如意輪菩薩《にょいりんぼさつ》

私にとって、特に思い出多い尊である。10年ほど前に、在家で信仰に篤い東京・練馬の玉腰卓司氏（タマ商会社長）から、この尊のご注文をいただいた。同氏の行き届いたご配慮のもとに、この尊のイメージを求めて、奈良・京都への旅をしたが、室生寺の静かな佇《たたず》まいの中でこの尊をスケッチしたことは忘れられない。同寺に伝わる重要文化財の有名な像であるが、永い年月によるかなり傷みのはげしいものであるにもかかわらず、素朴で高雅な気品に溢れた作品である。私にとっては初めての作品であったので苦心惨憺し、完成迄に数年かかってしまった。今では同氏の念持仏として、身辺をお護りしている。（『彩色金剛界曼荼羅』101頁に掲載）

この尊は２臂（手）から多臂にわたるいろいろの形があるが、６臂のこの形が最もポピュラーになっている。

右第一手は衆生への愍《あわれ》みの思惟、二手は一切の願いを満たす如意宝珠、第三手は衆生の苦しみを救わんがための念珠。左第一手は光明山を按じ無傾動を成就、第二手は諸の非法を浄める蓮華、第三手は無上の法を転じる輪を持つ。

六道の有情のあらゆる苦を除《と》り去り楽に転じるというこの尊、——片膝を立て片手を軽く頬にあてる優しいポーズと相まって名作も多い。私の今回の像は、前作に比べてますます優しくなったようだ。清少納言は「仏は如意輪……」と第一に挙げている。

28　大吉祥大明菩薩《だいきちじようだいみようぼさつ》

『不空羂索経』中の曝誐婆底《ぼうがばてい》菩薩のことらしい。

29　大吉祥明菩薩《だいきちじようみようぼさつ》

『不空羂索経』中の吉祥菩薩。

30　寂留明菩薩《じやくるみようぼさつ》

寂静心留の徳を有するという。その形は風天に似るというが、私には天女のようにも見える。ポーズが伸びのびして自由で美しく、曼荼羅の中でもよく目立つ尊である。

31　被葉衣菩薩《ひようえぼさつ》

一切有情の災禍疫病、飢渇、劫賊、刀兵、水旱、不調、宿曜等から衆生を護るという。

32　白身観自在菩薩《びやくしんかんじざいぼさつ》

白処尊と同本誓。この尊も、一点の濁りも曇りもない（純白の）浄らかな心から、次々に菩提心が生じることを教示するものであろうか。

33　豊財菩薩《ぶざいぼさつ》

仏の福・徳の二門を司り、一切衆生に施与する。

34　不空羂索観音菩薩《ふくうけんじやくかんのんぼさつ》

蓮華部院は『大日経』に説かれる諸尊のみでなく、『不空羂索経』の諸尊も加わって威力を高めている。大悲の羂索でもって一切衆生を救護、諸の願いを全て満たす（空にしない）故に不空羂索と名づく。顔の色は、正面が肉色（肌色）、右は青、左は黒だという。鹿皮の袈裟を身につける。この尊のみで20種の働きをされるという。

35　水吉祥菩薩《すいきちじようぼさつ》

水月観音。衆生の心の中の乾いた田に瓶水を注いで潤《うるお》いをもたらすような慈愛。水という物質の特性を、教えの中にうまく取り入れている妙。

36　大吉祥変菩薩《だいきちじようへんぼさつ》

『観音経』に説かれる観音菩薩の三十三の変化、その妙を図像化した尊という。

37　白処尊菩薩《びやくしよそんぼさつ》

白衣観音。白衣をつけ、白蓮華中にあるという。白身観音と同一本誓。蓮華部の母ともいう。

以上の21尊の他に16尊の使者が控えるが、詳しい説明は省略する。

この院には、具体的に抽象的に、観音菩薩のあらゆる憐愍と救済を描いてある。衆生の多様な願望が、それに応える変化の観音を生み出しこの院を賑わした。

観世音菩薩は、大日如来の大悲を表わす尊として『大日経』に説かれたものより、かく豊かな変貌を遂げたのである。　(昭60.1)

5　大智の武器・金剛杵——金剛手院《こんごうしゅいん》（薩埵院《さったいん》）

普賢菩薩という方は魅力的な菩薩である。

ある時は深山幽谷に「拾得《じつとく》」という質素な姿で現われて衆僧を驚かされ、またある時は大日如来の前に畏《かしこ》まって、その光耀に全身の瓔珞《ようらく》をきらめかせつつ教えを五体で感得される。この時、『大日経』の中では「金剛薩埵菩薩」と称され、一切衆生を代表して教えを乞われる。そして教えをもろもろの有情に説かれた、極めて重要な尊である。

この金剛薩埵を主尊とする金剛手院は、中台八葉院を挟んで蓮華部院と対峙し、大日如来の無限の智徳を表わしている。

しかし、この尊は観音菩薩や地蔵菩薩に比べると一般にはいささか馴染《なじ》みが薄い。これは密教経典の深遠さとイメージが重なり、何か哲学的な重々しい雰囲気に包まれているからなのかもしれない。少しでも親しくなろうと思ったら、どういう菩薩か少しでも知ることであろう。その為に、観蔵院の小峰彌彦師に次のようなご教示をいただいた。

「金剛薩埵は真言宗において、大日如来・金剛薩埵・龍猛・龍智・金剛智・不空・恵果・空海と連なる、いわゆる付法《ふほう》の八祖の第二祖の地位にある。

一般に金剛薩埵は、執金剛、持金剛等とも称され、大日経においては金剛手・秘密手という名で登場し、大日如来の教えの直接の受け手である。

もとより実在の人物ではないが、大日如来の、時間と空間を超え絶えず説法している、その教えを受け取ることができる能力や資格を持ったもの、ということができよう。

金剛薩埵を示す特徴の一つに、手に金剛杵《こんごうしょ》（ヴァジラ）を持っていることがあげられる。金剛杵とはもともと古代インドの武器であったとされ、たとえば帝釈天や密迹《みつしゃく》金剛力士が手にしているものであり、何ものにも破壊されず、逆に一切のものを打ちくだくということから、あらゆる煩悩や魔を断じ伏する意味を持つものである。

付法伝によれば、金剛薩埵は大日如来より流出したものであり、灌頂《かんじょう》の職位を授かり自ら証得した三密門を説き、現世において密教を信ずる者に対し、世間・出世間の円満をもたらすものであり、また大日如来の教えを龍猛に授けたものとされる。

従って金剛薩埵は仏と衆生を結ぶ重要な役割をもつものと考えられるわけであるから、たとえば我々が大日如来の教えを授くる時には、金剛薩埵と同じ能力や資格を備えねばならないし、換言すれば我々自身が金剛薩埵となり大日如来の自内証の境界を体験することが、大日如来の教えを授かることになろう。

密教の阿闍梨《あじゃり》が登壇する時、すなわち、右手に五鈷を持ち、左手の念珠にすりあて洒水器の水を清浄にする。そのような時、その座はまさに獅子座であり阿闍梨は金剛薩埵となるのである。」

以上のご説明で、金剛薩埵の独特の働きがご理解いただけると思う。また、密教寺院に必ずまつられているきらめく法具、その中でひときわ目立つ形をした金剛杵（独鈷、三鈷、五鈷杵などあり、跋《ば》抜《ざ》羅《ら》、ヴァジラ等とも呼ぶ）の重要性が解る。またそれを用いて修法される意味もいくらか理解できる。

私達も心の中に金剛杵を固く握りしめ、さまざまな迷妄を打ち砕きながら進みたい。

金剛手院は、尊21、伴尊12、計33尊。

54　金剛薩埵《こんごうさつた》

この院の主尊。向かって左側の大悲・聖観自在菩薩に対応する大智の尊。あくまで力強く、活動的なイメージのものとした。

五鈷金剛杵を右手にして大智を表わし、左手の金剛拳は大智三昧に住するの意味という。

55　発生金剛部菩薩《ほつしようこんごうぶぼさつ》（金剛部生菩薩《こんごうぶしようぼさつ》）

蓮華部の発生菩薩に対峙する。すぐ下の金剛鉤女菩薩によって般若の妙慧を与えられたもの全てが金剛部の智慧を得て、金剛部の中に発生するという。独鈷は、最も鋭利な般若の智でもって迅速に金剛部の中に発生することを示す。

56　金剛鉤女菩薩《こんごうこうにょぼさつ》

般若の鉤で衆生を引摂し、般若の妙慧を与えるという。三鈷杵の一部をつけた鉤という武器を持つ。

57　金剛手持金剛菩薩《こんごうしゅじこんごうぼさつ》

金剛部母。忙莽雞《もうもうけい》（金剛薩埵の母の意）とも呼ぶ。左手の金剛は智の幖幟《ひょうじ》、右手の与願印は衆生に智を与えることを示す。金剛薩埵の働きの強調なのであろう。

58　持金剛鋒菩薩《じこんごうほうぼさつ》（金剛針菩薩《こんごうしんぼさつ》）

般若の妙慧により煩悩罪障を断尽する徳を示す。右手に迅利の金剛鋒、左手は金剛拳。

59　金剛拳菩薩《こんごうけんぼさつ》

金剛鋒の断徳を強化。左手を金剛拳、右手に頭上十字独鈷あるを持つ。猛勇精神そのものの権化。

60　忿怒月黶菩薩《ふんぬがつてんぼさつ》

蓮華部の馬頭観音に対す。断徳の最極。第一の両手は忿怒拳。第二右手は三業の勇猛を表わす三叉戟。左手は迅利速疾の独鈷杵。額に智慧を増加せる忿怒眼。四牙をむき出して哄笑している表情をとる。

61　虚空無垢持金剛菩薩《こくうむくじこんごうぼさつ》

浄菩提心の無垢・無染なるを表わすという。左手に独鈷、右手は与願の優しい姿。

62　金剛牢持金剛菩薩《こんごうろうじこんごうぼさつ》

一切衆生の真実の理体（智慧）を守護する菩薩。

63　忿怒持金剛菩薩《ふんぬじこんごうぼさつ》

威猛金剛とも呼ばれる。三鈷杵を左手に、右手は与願。忿怒三昧を表わす。なおこの尊を先述の忙莽雞にあてる説もある。

金剛手院の諸尊を説明するのは極めて難しい。それだけに、図に個性を持たせ解り易くしなければならないのだが……これもまた難しい。（昭60・2）

○

この一年間、私は基本的な研究をすると同時に、胎蔵曼荼羅の鉛筆デッサンに集中した。先ずこの過程を経なければ、白描画（下図）、彩色へと進むことができない。

この一、二年、弘法大師1150年ご遠忌に因んであちらこちらで両界曼荼羅が描かれたようだが、そのほとんどが「伝真言院曼荼羅図」を復元したものである。「高雄曼荼羅図」によるものは、同図に色彩が無いためか、あまり見られないようである。

私は自分の感覚で描きたいという不遜な方針を立てて、観蔵院のご住職にもその旨の了解を得ていたので、デッサンから始めるこの方法を取ったのである。しかしそのために、かなりの時間を費やすことになったのは止むを得ないことであった。

昭和59年度もいよいよ残り少なくなった12月17日（月）早朝、やっと胎蔵曼荼羅のデッサンが終わった。

手元の「制作雑記」には次のように記した。

「昨日から今迄かかって胎蔵曼荼羅図諸尊のデッサン終了。大日如来から始まり宝瓶に終わる。410尊各尊が語りかけてこられた。自己の信仰を問われた。日本人の宗教と生活について考え、写実と様式、個性と伝統ということについて悩んだ。」

全ての尊の形が出現した今、改めて自分の絵について思いめぐらした。仏画の世界は遠い昔に完成され、新たにつけ加える何物も無いのではないかと思われる程である。しかしそれでも模写に終わらせたくないという根源的な欲求がある。制作上の悩みが深ければ深い程、自己の信仰心への大きな試練となって意味を持ってくる。

表現は観察から始まる。私は数限り無い菩薩像を描くのに役立つべく、度々電車の中で前に座った女性の顔を観察した。特に髪の生え際、髪の流れを宝冠が載った時の様子を想像しながら注視するのである。あまりジロジロ見られるので、中には身に危険を感じて席を移す人もいた程である。また大相撲の関取り達の髪の形も面白い。手の表情は幼児の手、女性の手が美しい。

ただ眺めるだけでなく、小さな手帳にスケッチも行なった。隣りの人が覗きこむ。

こうして出現した自分の「仏さん」達にはもう一つ大きな要因が加わっている。

それは作者に似るということだ。仏画教室等でお教えしている生徒さん達の作品もそうだが、作者によく似ている。いつか瀬戸内寂聴さんの「地蔵菩薩」をテレビの画面で拝見したが、自刻像かと思われる位よく似ていて思わず吹き出した。

私は比較的顔が長いので、どうしても私の描く仏達は顔が長くなる。意識して円満に福々しく形をとろうと思うのだが、どうしてもそうなる。子供の時、嵐寛の「鞍馬天狗」の映画が好きだったことも悔まれる。

また、性格が暗いせいか、「仏さん」達の顔が少し寂しくなる。なかなか微笑んでいただけない。

こうした要因全てが加わって、私の仏さんになっているようだ。

デッサンの完成した翌18日（火）は、観蔵院で行なわれている「研究会」のメンバーの方々の忘年会が計画されていて、私も声をかけられていた。できればそれに間に合わせたかったのである。

観蔵院では皆さんがその報告を喜んで下さり、「乾杯」をして下さった。

冬の厳しさは制作の情熱を妨げようとするが、金剛界の諸尊が待っておられる。頑張らなくてはならない。

さて話は変わるが、正月を信州ののどかな所で過ごした私は、帰京直後、衝撃的な出来事に関わることになった。

前から応援していた、若い人達が作っているある劇団で火災があり、友人の一人が亡くなり、他の四人が重軽傷を負ったのである。

友人Y君の悲しい葬儀が行なわれたが、残された老齢のご両親の心中を思うと、実に辛かった。

式は真言宗の阿闍梨によって執り行なわれたが、私は友人の冥福を祈るために、自作の「阿弥陀三尊来迎図」を掛けさせていただいた。

しめやかな読経の声を耳にしながら、ふと前に小峰彌彦師にご教示いただいたことを思い出した。

「密教の阿闍梨が登壇する時、右手に五鈷（杵）を持ち、左手の念珠にすりあて洒水器の水を清浄にする、そのような時、その座は獅子座であり、阿闍梨は金剛薩埵となるのである」

今まさにそのような時である。法具が澄んだ妙なる音を響かせる。

私はY君の葬儀を次のような厳粛な気持ちで見守った。

「弱冠30歳の君の魂は今、金剛薩埵によって大日如来のもとにお返しされ、それを大日如来の思し召しにより金剛薩埵から阿弥陀如来に託され、極楽浄土に向かう」と。

あの葬儀をこう解釈するのは思い違いも甚だしいと識者に笑われそうだが、浅学の私はこう思うことによってY君の冥福を祈り、残された家族の方々の心の慰藉を願ったのである。

こうしてみると金剛薩埵は身近な親しみやすい菩薩である。大日如来の大智の権化としての神秘的で高邁な菩薩というよりも、はるかに私達の金剛薩埵となる。君、安らかに眠って下さい。

さて金剛手院（薩埵院）の残りの諸尊についてふれよう。

64　虚空無辺《こくうむへん》超越《ちょうおつ》菩薩《ぼさつ》

この菩薩の徳は広大無辺で、利徳は他の諸尊を超越するという。

65　金剛鏁菩薩《こんごうさぼさつ》（金剛商羯羅《こんごうしょうきゃら》）

『大日経疏』に「次に執金剛の左に於て、金剛商羯羅を置け、訳して金剛鎖と云ふ。その印は蓮鎖を執持す。両頭《はし》皆抜折羅《ばざら》の形に作れ」とある。また「一切剛強難化の衆生を摂持《しょうじ》して無上菩提を退せざらしむ故に以て名をなす」ともある。

66　金剛持菩薩《こんごうじぼさつ》

金剛無（禅）勝定を持し、最勝の徳を有するという。

67　持金剛利菩薩《じこんごうりぼさつ》

智慧猛利の徳を司《つかさど》る。

68　金剛輪持菩薩《こんごうりんじぼさつ》

法輪を転じて惑障を断ずという。蓮華部院の如意輪を思い出させる。

69　金剛説菩薩《こんごうせつぼさつ》

如来精進勇猛の徳を司るという。

70　懌悦持金剛菩薩《ちゃくえつじこんごうぼさつ》

唯仏与仏の自受法楽の適悦（懌悦）を司る。

釈迦如来

71　金剛牙菩薩《こんごうげぼさつ》

金剛夜叉の三摩耶形に住し、一切の怨敵を降伏する徳を司る。

72　離戯論菩薩《りけろんぼさつ》

妄想戯論を除滅・遠離を本誓とする。

73　持妙 金剛菩薩《じみょうこんごうぼさつ》

他に比べるもののない功徳を持つ仏の内証を司る。

74　大輪金剛菩薩《だいりんこんごうぼさつ》

金剛輪持と同一本誓。法輪は持たないが数珠を持つ。これも如意輪観音の持物と同じ。やはり惑障を除く大智を表わすのであろう。

紙面の都合で、伴僧（使者）の説明は省略する。　（昭60・3）

6　仏陀賛歌—釈迦院《しゃかいん》

——シッダールタは仏陀を見た。神から示されでもしたように、すぐ仏陀であることがわかった。黄色い僧衣をまとった素朴な人がはちを手にして静かに出かけていくのを見た。「あれを見よ！」とシッダールタは小声でゴーヴィンダに言った。「あの人こそ仏陀だ」ひとみを凝らしてゴーヴィンダは黄色い僧衣の人を見つめた。その人は数百の僧とどんな点でもまったく区別がないように見えた。ふたりは仏陀のあとに従い、しげしげと見た。

仏陀はつつましく考えにふけりながら歩いていった。その静かな顔は楽しそうでも悲しそうでもなかった。かすかに心の中に向ってほほえんでいるように見えた。

——日が暮れて、暑熱がおさまり、たむろしているものたちみなが活気を帯び、集合した時、彼らは仏陀が教えを説くのを聞いた。

その声を聞いた。声も完全であり、完全な安らかさと平和にみちていた。ゴータマ（＝仏陀）は、苦悩について、苦悩の由来を除く道について教えを説いた。

その静かな話は安らかに曇りなく流れた。

人生は苦悩であった。世界は苦悩であった。

しかし苦悩からの救いが見いだされた。

仏陀の道を行くものは救いを見いだした。

穏やかな、しかし確固たる声で、正等覚者は語り、四諦《したい》を教え、八正道を教えた。

根気よく、教え、実例、反復のいつもの道を歩んだ。澄んで静かに、彼の声は光のように星空のように、聴衆の上をただよっていった。

（高橋健二訳）

長い引用になって恐縮であるが、ヘルマン・ヘッセ（ドイツ）の『シッダールタ』の中の二人の若い沙門が初めて仏陀（釈尊）に会った場面の描写である。20年間もインド思想を研究したというこの人の仏陀像は、私達東洋人の仏陀像と少しも違和感を感じさせない。それどころか、私は他の人の語られる仏陀像よりも鮮やかな、永遠なものを感じる程で、私達と同時代の人に描かれた奇蹟的な尊像という感銘を持つ。

さて、この作品は、如来誕生に至る普通の道と、それが無限にくり返されているということを私達に告げている。また私がここで取り上げたのは、この作品の中に、胎蔵曼荼羅・釈迦院の意義にふれるものを感じさせるからである。

シッダールタと友人ゴーヴィンダの二人は、この後別々の道を進むことになる。シッダールタは、釈迦の体験したことを自分で体験しなければならないと考え、一人去る。

ゴーヴィンダはゴータマ（仏陀）のもとに残り、他の修行僧とともに励む。

言う迄もなく、シッダールタというのは、釈尊の太子時代の呼称である。その同名の青年に、若き日の釈迦の姿が投影されているが、永い苦悩の遍歴の後にやがて彼は解脱に至る。ここに一人の「覚者」（如来）が生まれたのであるが、この人は、自ら悟ったことを人に説こうとはしない。こういう如来のことを辟支仏《びゃくしぶつ》（または独《どっ》覚《かく》）と呼ぶが、私達の目にはふれることは少ない。こういう如来が、釈迦以前にも、またその後も無限におられるという。

一方、ゴーヴィンダの方は、釈尊や大勢の弟子達の指導感化のもとで、つつましく修行をつみ、やはり解脱に至る。二人のどちらに比重を置くかは、その人の考え方、資質の違いである。

仏教の起源については、何といっても釈迦の出現がその大きな原動力であることは誰しも否定できないことであろう。

在世中の釈迦像はヘッセの描写の中で生き生きと描写されているが、釈迦本人の語られた生の言葉は、原始仏典の中に簡潔に力強く、表情豊かに、説得力にあふれて記されている。

「怒った者に対して怒りを返さぬ人は、戦に二度の勝利を収めた人である」

「他人の過失を見るなかれ。他人のなすこと、なさないことを見るなかれ。ただ自己のなすこと、なさないことのみを見よ」

「長い間信仰を修し、戒め・学問・捨離を修したその人の心は上方に赴き、すぐれたところに赴く」

（アーナンダに）
「私達は婦人に対してどうしたらよいのでしょう？」
「アーナンダよ、見るな」
「しかし見てしまったら、どうしたらよいでしょう」
「話すな」
「しかし話しかけられたときには、どうしたらよいでしょう」
「そういう時は、つつしんでおれ」　　（以上、中村元訳）

かく人間臭い釈迦の入滅後、その姿は神秘化され、超人化され、その教えの内容も豊かに脚色され、さまざまな大乗経典が生み出された。続々誕生した偉大な力を持つ如来達は、やがて全て大日如来の分身であるという密教の教義に集約されていく。つまり、密教では、釈迦は大日如来の前身であり、この世で法を実践してみせた人類の師というわけである。悟りの世界を図像化した胎蔵曼荼羅の中では、大日如来の上部（東）に釈迦が坐位し、大日如来との関連を明らかにしている。この如来の大いなる徳を讃えるさまざまな仏・弟子達に囲まれながら。

ここを、釈迦院と呼んでいる。

92　釈迦如来《しやかにょらい》

仏陀は35歳の12月８日「明星の出る時」悟られ、ベナレスの鹿野苑《ろくやおん》にて最初の説法をされたという（初転法輪）。力強く、堂々と。「光輝ある三十二相を具ふ」「白蓮華に坐して、説法の状に作す」（大日経疏）

93　観自在菩薩《かんじざいぼさつ》（蓮華部院にて既述）

94　虚空蔵菩薩《こくうぞうぼさつ》

共に白払《ほつす》を手に神妙にその説法を聞く。以上の３尊で仏宝・法宝・僧宝（三宝）を表わすともいう。（虚空蔵菩薩については虚空蔵院にて述べる）

95　無能勝妃《むのうしようひ》／96　無能勝明王《みようおう》

無能勝は、不可破壊《え》の意味。一切の衆生を降伏するという。全ての迷いを除き釈尊の教えに帰命せしむるということか。

97　一切如来宝《いつさいによらいほう》（遍知眼《へんちげん》・仏眼《ぶつげん》）

如来の心・姿が宝珠の如く完全で、衆生を導くことを表わした尊。釈迦牟尼仏母ともいう。

98　如来毫相菩薩《にょらいごうそうぼさつ》

如来の証である額の白毫《びやくごう》を人格化したもの。白毫は如来の額に生えた一本の長い毛で渦を巻いていたというが、それが智慧の証として形象化した。

99　大転輪仏頂《だいてんりんぶつちよう》（広生《こうしよう》仏頂・極広大《きよくこうだい》仏頂）

仏頂とは如来の頭のもり上がった肉髻《につけい》から飛び出るという如来の智慧の徳を表わす尊。如来の息災の徳を表わす。

100　高仏頂《こうぶつちよう》

釈迦の増益の徳を司るという。

101　無量音声仏頂《むりようおんじようぶつちよう》（無辺《むへん》仏頂）

密号・妙響金剛。如来の説法の徳をたたえる。

102　如来悲菩薩《にょらいひぼさつ》

如来の無量の心の、四つの大きな特性である四無量心《しむりようしん》（慈《じ》・悲《ひ》・喜《き》・捨《しや》）の中の悲徳を表わした尊。

103　如来愍菩薩《にょらいみんぼさつ》

愍《あわれ》み深い哀徳を表わす尊。

104　如来慈菩薩《にょらいじぼさつ》

四無量心の中の慈徳。すなわち如来が多くの人々に、深い慈しみの心をもたれることを表わす。

105　如来爍乞底《にょらいしやきち》

如来が衆生を外護する勢力を表わす。

106　栴檀香辟支仏《せんだんこうびやくしぶつ》

辟支仏については先に述べた。麒麟《きりん》のように世に出ることが稀な優れた独覚。

107　多摩羅香辟支仏《たまらこうびやくしぶつ》

智慧が高い香気のように立ち上がっている独覚。

108　大目犍連《だいもくけんれん》（目連《もくれん》）

十大弟子の一人。神通第一。後に、外道の徒に殺されたという。

109　須菩提《しゆぼだい》（善生《ぜんしよう》・善現《ぜんげん》）

上に同じ。解空第一。般若の空理に通じていたという。

110　迦葉波《かしようは》（大迦葉《だいかしよう》）

上に同じ。仏陀の信頼もっとも厚かったという。自分の250人の弟子と共に釈迦の門に入る。第一回結集を招集、教団の発展につとめた。

111　舎利弗《しやりほつ》

釈尊に、自分の弟子100人と共に入門したという。智慧第一。

112　如来喜菩薩《にょらいきぼさつ》

如来が多くの人々の幸福を見て喜ぶ心を表わす尊。

113　如来捨菩薩《にょらいしゃぼさつ》

あらゆる執着をすてる心の徳を表わす。

114　白傘蓋仏頂《びゃくさんがいぶっちょう》（白繖《びゃくさん》仏頂）

釈迦が、白浄の大慈悲をもって法界を遍《あまね》く覆う徳を表わすという。それを大きな傘に例える。「傘」という表現がいかにその意を出していることか！

115　勝仏頂《しょうぶっちょう》（勝頂輪王菩薩《しょうちょうりんおうぼさつ》）

釈迦の大きな勝れた智慧の徳が、尊く無比であることを表わす。

116　最勝仏頂《さいしょうぶっちょう》（金輪《こんりん》仏頂・高頂輪王《こうちょうりんおう》仏頂）

釈迦が悟りを開き、初めて人々に説法をした（初転法輪）徳を表わす。従って蓮上に法輪を持つ。

117　光聚仏頂《こうじゅぶっちょう》

仏光で一切衆生を摂聚する如来の徳を表わす。

118　摧砕仏頂《さいさいぶっちょう》（除一切蓋障《じょいっさいがいしょう》仏頂・除障《じょしょう》仏頂）

衆生の一切の煩悩を捨除する如来の徳を司る。従って金剛鉤《こう》を持つ。

119　如来舌菩薩《にょらいぜつぼさつ》

如来の玉の如き言葉を語られる尊い舌相を表わす。蓮上の舌にご注意。

120　如来語菩薩《にょらいごぼさつ》

如来の語られる真実の言葉の尊さを表わす。

121　如来笑《にょらいしょう》（咲）菩薩《ぼさつ》

如来の微笑の輝かしさを、少しオーバーな表現で人格化。

122　如来牙菩薩《にょらいげぼさつ》

ここでの牙とは、如来の歯のこと。舌・語・咲に密接に関連し、人格化されたと思う。

123　輪輻辟支仏《りんぷくびゃくしぶつ》

輪輻（輪の形の武器）のような智慧で煩悩を摧破する独覚。

124　宝輻辟支仏《ほうぶくびゃくしぶつ》

前の輪輻辟支仏とほとんど同じ尊であり、この２尊は、曼荼羅制作にあたって阿闍梨によって想出された（意楽像《いぎょうぞう》）であろうが未詳。

125　拘絺羅《くちら》（摩訶《まか》拘絺羅）

仏弟子の一人。舎利弗の伯父にあたる。問答第一。人一倍純粋な性格の人であったという。

126　阿難《あなん》（阿難陀《あなんだ》）

釈尊の従兄弟であり十大弟子の一人。25年間、仏陀の侍者をつとめたという。「アーナンダよ……」と原始仏典の中でよく話しかけられた幸せな人である。

127　迦旃延《かせんねん》

十大弟子の一人。論議第一。

128　優波離《うぱり》

十大弟子の一人。カピラ王宮の床屋だったという。弟子の中で最初に授戒を受けたという。戒律第一。

129　智拘絺羅菩薩《ちくちらぼさつ》

拘絺羅はバラモン時代に、大成する迄は爪を切らないと願を立て実行したという。彼の精進の徳を人格化したものかと思われる。

130　供養雲海菩薩《くよううんかいぼさつ》

釈尊が衆生の供養をうけることが、雲や海のように広大で限りないことを表わす。

以上がこの院の一切の尊像である。

中には釈尊の牙《げ》（歯）や舌《ぜつ》等、讃嘆するのにオーバーではないかとも思われる程であるが、胸に手をあてて、静かに考えてみて、私は次のような結論らしきものを得た。

――人は、生まれた時や場所が異なり、言葉が異なり、皮膚の色が異なる。性別が異なり、性格が異なるこの複雑な人間世界に「心の道」を示した釈尊。この道を行くことでどれだけ多くの人々が救われたことか……。釈迦院の仏達は、私達に替って、限りない感謝の気持ちを釈尊に示しておられる――と。　（昭60・5～6）

7　妙慧の利剣―文殊院《もんじゅいん》

中台八葉院を廻る第三重の文殊院・除蓋障院・地蔵院・虚空蔵院・蘇悉地院は、「大日如来の三無尽荘厳の実相を開見するに至るための菩薩の曼荼羅である」という。（栂尾祥雲氏『曼荼羅の研究』、那須政隆氏『両界曼荼羅講傳』等）

難しくてよく理解しにくいが、私は次のような解釈をしている。

密教では、教えの内容を三密（印相を結ぶ、口で真言を唱える、心に尊像や持物を思い浮かべる）で理解するというが、大日如来の教えを衆生に理解させるべく、自ら実践している菩薩達の姿を描いた院である、と。これなら私にもこの院を理解できる。

印相や持物が何を伝えているのか、注意深く見ることだ。

131　文殊師利菩薩《もんじゅしりぼさつ》

般若の妙慧を感得しておられるという。般若とは八正道・六波羅蜜などを修めることで得られる真実の智慧。これはもちろん釈迦の悟られたことであり、仏教の思想の核心でもあろう。まだ謙虚に修行中との童形。五智を成就せんとの独特の五髻《けい》（髪）。手に持つは青蓮華。睡蓮《すいれん》の花の青いものであろう。弁葉が鋭いので、剣とも見立てる。金剛杵は智慧の象徴。つまり智慧の利剣で迷妄を払う姿を示している。

132　観自在菩薩《かんじざいぼさつ》／133　普賢菩薩《ふげんぼさつ》

普賢菩薩は、文殊の修行の勇猛なことを表わし、観音菩薩は、文殊が諸法の実相を観察し、そこに理にかなった英智を下すを表わすという。

134　不可越守護《ふかおつしゆご》／135　相向守護《そうごうしゆご》

ともに門衛。

136　光網菩薩《こうもうぼさつ》

右手の索は衆生を引摂する本誓を示す。この綱を縦横に張り廻らし、妙慧の光の網目として衆生を救うという。

137　宝冠菩薩《ほうかんぼさつ》

妙慧の万徳を示す宝冠を持つ。英智の勝利。

138　無垢光菩薩《むくこうぼさつ》

煩悩の垢に汚れない英智の尊さを示す。

139　月光菩薩《がつこうぼさつ》

月のように清涼な法悦を衆生に与え、生死・煩悩の苦を離れしむ。

140　妙音菩薩《みようおんぼさつ》

文殊の別称。説法の徳の妙なるを讃える。

141　瞳母嚕《とむろ》／142　阿耳多《あじた》（阿爾多《あにた》）／143　阿波羅耳多《あはらじた》（阿波羅爾多）／144　肥者耶《びじやや》／145　者耶《じやや》

142～145は、『理趣経』中の説法を聞き喜ぶ四姉妹の天女で、瞳母嚕はその兄であるという。ともに仏教に縁遠かった者達だが、仏法にふれる悦びのさまを表わす。

次は文殊の左側の尊。全て女性の眷属《けんぞく》。

146　髻設尼童女《けいしにどうによ》

端厳・美髪の意味。文殊の執着を離れた自然な心を讃う。

147　優婆髻設尼童女《うばけいしにどうによ》

文殊の能施の徳を司る。

148　質怛羅童女《しつたらどうによ》

文殊の色身の定徳を司る。

149　地慧童女《ちえどうによ》

英智の豊かさを司る。

150　召請童女《ちようしようどうによ》

衆生を召請、菩薩道に導く。

151　不思議慧童女《ふしぎえどうによ》／152.153.154.155　文殊奉行者《もんじゆぶぎようしや》

いずれも、文殊の使者達。

文殊院の尊は以上である。

文殊院→釈迦院→遍知院→大日如来に至る縦の線は、我々凡人が菩提心に目覚め、精神を浄化・大悟していく過程を描いていると思う。

昔からよく言う「三人よれば何とか」というのは、一人では仏の道に入り難いが、人と一緒なら何とかなるという最小限の人数を表わすのかもしれない。

（昭60・7）

8　智慧を育む―除蓋障院《じょがいしょういん》

時間に追われ、必然的にということもあるが、日が昇ると共に起きてその日の仕事が始まる、というような生活になりつつある。

私の知る人々が、「そんなに毎日仏さんを描いていて、気が変になりませんか」とか、「大変でしょう、たまには仏さんの居ないところに逃げ出したくなるでしょう」と、いろいろ心配して下さる。

そんな時、多少のニュアンスの違いはあっても、「別に……まあ、大丈夫ですよ」と答えることが多い。

本音で言っているのか、空元気《から》で言っているのか、自分でも怪しくなることがあるが、これらの問いには、その度に私の内心のわだかまりを刺激してきた。

この仕事を始めて一年余、いまだ制作の途中にありながらも、私の為に、また私の後にこの仕事に携わる方々の為にも、このわだかまりについて記しておきたい。

私のいうわだかまりとは、曼荼羅のようなものを描く中で、私がこれ迄学んできた東洋的なものと西洋的なものが、自分の中で共存できるか、ということである。仏教的な美意識と他の美意識とを、これ迄通り共有できるかということである。象徴化され理想化され、様式化した世界にのめりこんで、自然の中の人や花や鳥や風景の美しさを忘れてしまうのだろうか？　表現内容がマンネリ化し、今日的で、斬新なものから遠ざかってしまうのだろうか？

これらの問題は、仏教美術と取り組む人達が一度は対決を迫られるものである。余りにも大きな問題であるので簡単に答えは見つからないが、雑感としてふれておきたい。

「天才にあって、秀才に無いのは宗教心である」と、詩人・中原中也は宮沢賢治のことにふれて言ったと思う。私も同感である。

洋の東西を問わず、私が天才と感じ、また共感を意識した人達にはそれがあった。東洋・日本の芸術家はまず置くとして、西洋の尊敬すべき人達、ジョットー、レオナルド・ダ・ヴィンチ、ミケランジェロ、レンブラント、ドラクロア……等にはそれがあった。

これらの人達のテーマの大半が宗教画であるが、ドラクロアあたりがそれを描いたほぼ最後の人であろう。

ヴァチカン宮殿にあれだけの人々を招いているのは、ミケランジェロの巨大な壁画、「天地創造」と「最後の審判」である。

かつてそれを仰ぎ見た時の私の驚き——一人の人間の力の偉大さ、それは人間技ではなかった。私は茫然自失し、しばらくは自分の無力感から立ち直れなかった。

あれを描いた時の彼の神への信念は、当時の教皇達のそれに負けなかったと私は思う。直接神と語り合い、その力を授かったのである。神が乗り移り、万人の為に、自分に描かしめていると自覚したのではないか。そこでは、神秘性とヒューマニズム（人間愛）が一体になっているのを私は感じる。今、あの時の感動を思い出しながら、私はますますその感を深くし、胸を熱くしている。

これらの画家達の描いたものには、宗教画以外の作品にも、精神の深さがある。「モナリザ」の微笑は、見る人すべてを包み込んでくれる。仏教画を描いている私にも、それはしみじみとよく解る。そこには教義の狭い偏屈さは微塵も無い。

問題は美術作品のみに止まらず、他の分野についても言える。文学や音楽等々……。

興味の無い方には申し訳ないが、話を少し音楽に向けさせていただきたい。沢山の音楽の中で、約20年来愛好して止まないのは、バッハ、モーツァルト、ベートーヴェン、それにブラームスの作品であった。前の三者の偉大さ・天才については言及する迄もないが、それにブラームスを加えた自分の耳に、最近誇りを感じている。

ブラームスは、日本人に最も愛好されている音楽家の一人には違いなく、その魅力もさまざまな要素を含んでいるが、前から彼は宗教心を有した最後の音楽家だと思っていた。最近ますますその感を強くしているが、同時に、その内容も決して私達からほど遠いものではないと思うようにもなってきた。

「人は　みな　草のごとく
　その栄華は　みな
　草の花に　似ている
　草は枯れ　花は散る」（第二楽章）
「主よ　わが終りと
　わが日の数のどれほどであるかを
　わたしに知らせ　わが命のいかに
　はかないかを知らせて下さい」（第三楽章）

彼は34歳で「ドイツ•鎮魂曲《レクイエム》」を書いた。「他の人の為にお役に立つことは、人生を二倍生きることです」と、彼に教え続けた母の死を悼んで作ったものである。

５月の「日本ブラームス協会」の講演会でＮ響の名誉指揮者•ヴォルフガング•ザヴァリッシュ氏は、「バッハのロ短調ミサ、ベートーヴェンの荘厳ミサ、それにブラームスのドイツ・レクイエムを凌駕する作品は、未だ出ていません」と言われた。

前述の、ブラームスが撰び出して音楽にした聖書の中の頌歌に、仏教の何かと共通するものを感じるのは私だけであろうか？

今の私には、東西のこだわり、この間の不安がほとんど無くなってきた。今迄良いと思ってきた東西の作品の中に共通して流れていたものが自分の身体で解ってきた気がする。自分が曼荼羅の仕事により貴重な体験をしつつあることが障碍になるどころか、今こそ同じ基盤に立って仰ぎ見ることができるようになってきた。

今のところ時間が無く、花や鳥や風景を描く余裕が無いが、曼荼羅の仕事を終わってから描く絵がどのようなものになるのか、大いに楽しみである。もちろん、これは生涯に亙って勉強しなければならないのであるが……。

もし私の後で、仏教画や曼荼羅を描く機会に恵まれ、私のように躊躇する人を見たら、「大丈夫だ。是非おやりなさい。積極的におやりなさい」と勧め、「自分の為であり、また万人の為になります」ときっぱり言うに違いない。

さて今回の諸尊は、除蓋障院の仏達。胎蔵曼荼羅の中では、中心の大日如来から南の方（向かって右側）に金剛手院・除蓋障院と続く。これは北側にある蓮華部院・地蔵院と対をなして、大日如来の智と悲の働きを表わしている。

金剛手院では、煩悩を打ち砕いて得られる大智の働きが説かれていたが、除蓋障院の尊は更に大智の活用を促し、あるいはその為のさまざまな障碍をとり除く徳を表わす。

金剛薩埵も文殊も、共に智慧の菩薩であるが、智慧の種子（智的因子）と、それが成長し活用して得られる智慧の違いがあるのだろうか。

この院の主尊は、中心に位置する不思議慧菩薩であるという説と、地蔵院の最下位にある除蓋障菩薩であるという説があるが、この点は専門家にお任せするとして、この曼荼羅では除蓋障菩薩を作図した。（この院における尊像や配置にはさまざまな問題があるが、『曼荼羅図典』編集時に一応の結論を見た。本図はこれに従っている。）

165　悲愍《ひみん》菩薩《ぼさつ》（救護慧《くごえ》菩薩）

如来の大悲により一切衆生を救護するという。右手は発起手・救済を表わし、左手は徳覆護・悲愍で衆生を覆う。

166　破悪趣《はあくしゅ》菩薩《ぼさつ》

地蔵菩薩と同一本誓。一切衆生の三悪趣（地獄・餓鬼・畜生道に生まれ変わること）を滅除して下さる。人間として生まれ、智慧を磨けということか。

167　施無畏《せむい》菩薩《ぼさつ》

一切衆生に五智の光を当てて施与し怖畏の心を無からしむ。

168　賢護《けんご》菩薩《ぼさつ》

衆生の疑怪の心を断つ。

169　除蓋障《じょがいしょう》菩薩《ぼさつ》

この院の主尊。煩悩障・法障・業障の三障を除き、衆生を救う。

170　悲愍慧《ひみんえ》菩薩《ぼさつ》

大悲の智水をもって、一切衆生の乾田を潤すという。悲愍菩薩の方便智を表わす。

171　慈発生《じほつしょう》菩薩《ぼさつ》

破悪趣の結果、仏界の楽しみを得ることを示す。右手は持花の印。左手は衆生界（破悪趣）を示す。

172　折諸熱悩《せつしょねつのう》菩薩《ぼさつ》

施無畏の徳により、諸の煩悩障碍の熱悩を折伏することを表わす。

173　不思議慧《ふしぎえ》菩薩《ぼさつ》

権実《ごんじつ》（方便の法と真実の法）不二の智、不可思議の徳を司る。

以上がこの院の尊であるが、金剛手院の補強という感じが強い。しかし、破悪趣菩薩のように、地蔵院の中に居てもおかしくない菩薩がおられたりして複雑である。

智の作用のおもむくところは、やはり他者への思いやりとなって実を結ぶということであろうか。

６月一杯で、胎蔵曼荼羅の白描下図が完成する。梅雨空の下、私の心の中には少し青空が見えている。（昭60・8）

9　大地の菩薩－地蔵院《じぞういん》

曼荼羅の中に入ると実にさまざまな仏菩薩に巡り合うことになるが、中でも普段からなじみのある尊に出会うと、嬉しさが倍増する。

地蔵菩薩・お地蔵さん。日本人なら誰でも知っている。町にも村にも、海辺や山辺にも、あらゆるところに石のお地蔵さんを目にすることができる。

日本人の死生観と深く結びつき、緑多く恵み豊かな日本の大地に、しっかりと根を下ろしたこの尊に巡り合った今、喜びは特に大きい。

私は地蔵院に取り組む頃に面白い話を聞いた。

あるラジオ番組の中で、映画「フーテンの寅さん」の山田洋次監督が、「思い出に残る童話」というテーマで語られた。

その童話は、宇野浩二作の『村の地蔵』だという。同氏も「こんな話があるよ」と友人に教えられたそうで、「まだ読んでないのだが、話の内容が忘れられない」と言われる。それは聞いている私にも忘れられないものであった。

山田氏の話はこうである。ある村に一人の旅僧がやって来て、２体の石の地蔵さん――言うことをよく聞いてくれる地蔵さんと、言うことを聞いてくれない地蔵さん――を置いていった。旅僧は村人達に、「始めは聞いてくれる方を、後では聞いてくれない方を拝むだろう」と予言した。もちろん、村人はよく聞いてくれる方へ沢山願いごとをし、全て叶えられ、皆幸福になった。

ところが、人々の心に貪《むさぼ》りの心が止まらなくなり、やがて他人の財産まで我物にしようとする心や、他人の幸福を妬《ねた》む心が生じ、我欲の為に願をかけ合う。昨日幸福の絶頂にあった者が、今日は悲惨な目にあう。元気だった者が病に苦しむ。村全体が混乱し、不幸になり、恐怖におののく。他村の者は、この村に寄りつかなくなる……。

人々は、やがて自らの愚かさを悟り、何かある時は、言うことを聞いてくれない方のお地蔵さんの方にお参りするようになった。すると村は落着きを取り戻し、また栄えた。……以上が話の大まかな筋である。

人間性の真理をえぐる話で、山田氏は「恐い童話だ」と感心され、相手の女性アナウンサーも「本当に恐いですねー」。

山田氏は、「自分は神仏の前では無心に拝むことにしている」と言われた。良い話であった。

筆者作「地蔵菩薩」

私はこの童話に大いに興味がわき、『村の地蔵』を是非読んでみたくなった。が、「全集」を見ても同題名のものが見つからない。新刊書店にも、古本屋にも見つからない。最後に国立国会図書館に行き調べてみた。

そしてとうとう、題名も内容も少し違うが、これであろうと思われる１冊の古い童話集を手にした。釈尊の顔が赤・黄・青の素朴な表紙に描いてある。

『木佛金佛石佛《きぶつかなぶついしぼとけ》』宇野浩二作（大正15年５月25日発行・アテネ書院）

「これは昔も昔、あの木佛、金佛、石佛――というのは年が年中、朝から晩まで、物をいうどころか、身動き一つなさらない佛様達――が、まだわれわれ人間と同じように物を言ったり聞いたりなすった時分のことですから、よほど大昔のことであります」と始まる。

話の筋は、山田氏の伝え聞きと少し異なっていた。

ある村に、細彦《ほそひこ》・太麿《ふとまろ》という者が居り、二人は性格、体格がまるで反対で、喧嘩ばかりする。細彦は背が高く、足が速く、遠くまで目が見える。太麿は肥満短足、力持ち、耳が良い。二人は相手の長所を妬《ねた》み、石佛に願をかける。

「二人は近頃村はづれに来て、小屋掛けをして住んでいる石佛のうわさを聞いたのです。石佛というのは木佛、金佛などと同じように、遠い天竺の国から、お釈迦様のいひつけで多くの人の望みごとを聞いたり、苦しみをなぐさめに来ている人の一人だという話です。……」

その結果、細彦は歩けなくなり、盲目になる。太麿は力がまるで無くなり、耳が聞こえなくなる。この二人だけでなく、同村の者や他村の者も願をかける。

その結果、爺作《じいさく》は歩けなくなり、権太《ごんた》は屋根から転がり落ち、お花は歩きながらいねむりをし、お竹は１分おきにくしゃみをするようになる。こうして、村人は皆不幸になった。

「それが天竺に聞えますと、さすがのお釈迦様もびっくりなすって、これは自分の使わした木佛、金佛、石佛たちがあまりにもなさけ深くて、気がよ過ぎたのが間違いの元だとお考えになりました。しかしなさけは佛様の心ですから、それを取り上げるわけにはいきません。そこでお釈迦様は考えて、今日見るように、木佛、金佛、石佛を昔のままで、唯そのまま動かない、物を言わない姿にしてしまわれた。――とこういうお話であります。この話の意味を考えてみようではありませんか。」

これで終わり。原作は人々をつっ放し、山田氏は人々に救いを与えている。同氏の映画の底に流れる暖かい心で、ご自分の童話を語られたのであり、私はこのニュアンスの違いがとても面白いと思った。

地蔵菩薩や観音菩薩は、人々の願いごとを聞き届けることを本誓《ほんぜい》としておられる。己れを犠牲にしてまで願いを叶えてやり、苦境から人々を救い出す慈悲の権化である。そうすることで己れを高め、成仏への道を歩まれる。

しかし、考えてみると、こんなに大勢の人々の願いに報いるのは実に大変なことだ。

人間は勝手なものだ。自分の心さえ量り難い。願いをかけては「言うことを聞いてくれなかった」と恨み、だから「神仏なんか居るもんか」と詰《なじ》る。

私は仏様に同情する。「よくぞ我慢しておられる。大変でしょう。あなた方は何一つ悪いことをしていないのに、自分勝手に原因と結果を作りながら、その後始末を押しつける人間が多すぎますね。どうぞお身体を大事にして、たまには休んで下さい」と。

だから私も神仏に礼拝する時は「無心」になろう。または、その時だけでも、世の中の全ての人々の幸福を祈りたい。

地蔵院。胎蔵曼荼羅の中で、中心の大日如来に向かって左側（北側）に蓮華部院・地蔵院と並び、大日如来の慈悲の深大さを示す。

主尊は地蔵菩薩。釈尊の入滅後、次の弥勒菩薩が現われる迄の56億７千万年の無仏の間、釈尊から衆生の救済を委託されて人間界はもちろん、六道にあえぐ全ての衆生の苦しみを救うことを本誓とする。観音菩薩がどちらかというと現世の苦難から人々を救うのに対して、天界から地獄まで六道の世界でも衆生と共にあるという。時には幼くして逝った子供達を、親にかわって慰めて下さる（筆者作「地蔵菩薩」参照)。大地が万物を慈しみ育むように、また、万物の重さによく耐えるところから地蔵菩薩と称される。

いつの時代でも、搾取され、虐げられ、苦しみに喘いだ庶民の味方であった。特に土を耕し、四季の自然の恵みと共にあった農民の哀歓を一心に受けとめて、いつもニコニコ見てござったのである。ごく身近を通りかかった旅僧の姿で。

曼荼羅の中のお地蔵さんは、出家前のお姿（菩薩形）である。観音菩薩に多くの変化身が居られるが、地蔵院にも9尊並ぶ。いわゆる六地蔵尊はこの中の数尊と重なるが、諸説があり定かでない。（よく寺院で見かける六地蔵尊は、余りの忙しさに地蔵菩薩が六体に分身し、六道で救済に励む姿を表わしている。）

私はお地蔵さんに、せめて曼荼羅の中におられる間はニコニコ笑いながら休んでいていただきたいと思っている。

以下、下図の諸尊にふれる。

156　除一切憂冥《じよいつさいうみよう》（除憂闇《じようあん》）菩薩《ぼさつ》

無憂樹の葉を持つ。苦を楽として一切衆生の憂いを除くことを本誓とする。

157　不空見菩薩《ふくうけんぼさつ》

普く衆生を観察するのに五眼《ごげん》（肉眼・天眼・慧眼・法眼・仏眼）でもってし、全てに見落とすことがない。左手蓮上に仏頂。

158　宝印手菩薩《ほういんしゆぼさつ》

大悲手を一切衆生に差しのべ救助し、菩提心を内証する。

159　宝処菩薩《ほうしよぼさつ》（宝光《ほうこう》菩薩）

良く万法を生ずる徳あり。「宝の海より生ずるが如く、彼の処より生ずるが故に、宝処と名くるなり」（大疏）

160　地蔵菩薩《じぞうぼさつ》

左手花台上に如意幢《によいどう》、右手に宝珠。

161　宝手菩薩《ほうしゆぼさつ》

手中より万宝を生じて、一切衆生を救う。

162　持地菩薩《じじぼさつ》

大地が一切のものを保有するように、一切衆生を守る。

163　堅固深心菩薩《けんごじんしんぼさつ》

衆生を救う為に、一切の艱難に堪える内証が堅固で不壊なることを示す。

164　日光菩薩《につこうぼさつ》

地蔵菩薩の光明が遍く行きわたり、際限ないことの徳を示す。

以上が地蔵院の全ての尊である。

前回の除蓋障院と対になっているのであるが、『大日経』『大日経疏』他の記述が微妙に食い違い、尊像の名称等に諸説がある（詳しくは『曼荼羅図典』139頁を参照下さい）。　（昭60・9）

10　智・福の宝蔵－虚空蔵院《こくうぞういん》

今年の梅雨は例年に比べて実に長く、来る日も来る日も、じとじとと陰うつな雨が降り続いた。

終日、鉛筆のデッサンを美濃紙の上に墨線に起こす仕事と取り組んでいた私にとって、精神的にも、また仕事の能率の面から言っても、梅雨は好ましいものではなかった。

紙が湿気を帯び、表面の礬水《どうさ》（和紙のにじみ止め）がゆるみ、その為に墨を弾《はじ》いて、一気に線が引けなかったりで、無駄な労力を要することになる。

古い堂塔等に使われている古材が、まだ生命力を秘めていると聞いているが、紙も微妙である。私の吐息を吸ってさえその部分が湿気を帯び、伸縮する。

その嫌な梅雨も明けようとする頃、7月12日に胎蔵曼荼羅の下図全尊の白描が完成した。

主尊大日如来に始まり、最外院の北西を護る風天に終わった。412尊。

大日如来の白描下図が出来たのが昨年の5月13日だから、その間約1年と3ヶ月。

手元の7月12日の「制作雑記」には、次のように記している。

「この数日来、最外院の残りの諸尊の白描に取り組み、今日終わるか、明日終わるかと完成を夢見て来た。一気！一気！と自らかけ声をかけて。

昨日の朝は凄まじい雷鳴で目が覚め、同時にせかされるように起き上がり仕事開始。

目がかすみ、筆を握る親指、人差し指の先と中指の筆ダコが痛む。溜息の連続。

しかし、一尊一尊、仕上がっていった。ついに今日、風天の瞳の描き込みに終わった。」

風天で終わるというのは、最初から私の計画であった。ゴウゴウと身辺に風雲を巻き起こし、眷属に取り囲まれて蹲踞《そんきよ》するこの神が私は好きだ。最後は思い出に残る尊像でという一つの夢が果たせた

フーテンの「フミちゃん」（中）

のである。

胎蔵・金剛界を比べてみると、胎蔵の尊の方が一尊ずつ大きく描かれていて、表情も豊かである。金剛界の方は尊像が小さく、しかも仏具等に置き換えられていたりして、全体の表現が象徴的、かつ抽象的である。拝観する側から言っても、面白いのは胎蔵の方であろうか。

本誌（「大法輪」）には既に200尊程の尊像を掲載させていただいたが、作者としては一尊ずつ表情を考え、宝冠・瓔珞・光背・衣装等のこまかい点にも留意したつもりである。

どの一尊を取り上げても、ゆるみの無い、高い気品にあふれた表現でありたいと願った。

顔の表現、表情は、何といっても尊像の性格を決定する大事なものである。しかしそこに、作者の好みや無意識下の願望が出てくることがある。

四百十数尊の顔の中には、私の肉親や知人の顔が微妙に入ってきた。私をよく知るある方が、「ほとんどの仏さんのお顔が、あなたのお母さんの生前のお顔にそっくりですよ」と言われたのには驚いた。なるほどな、と思った。これは父の顔だなと、私自身意識した顔もある。

自画像らしきものも描かせていただいた。私の友人の家に、生後十ヶ月の赤ん坊がいる。私達が話している傍で無心に遊んでいる。私はふと、この「文《ふみ》ちゃん」を曼荼羅の中に描き込むことを思いついた。

尊像の誕生と、赤ん坊の成長の年数が一致するのも面白いと思ったのである。友人夫妻も喜ぶので、早速実行に移した。

さて、どこに描くか？

曼荼羅の中には、童子の形をした尊像が相当数出てくる。少し悩んだ末に、風天の隣の侍童の姿に描き込んだ。十ヶ月では少し幼すぎるので、もう少し成長した顔にして。「フーテンのフミちゃん」何となく語呂も良いではないか？　ただ、将来「フーテン娘のフミちゃん」等と呼ばれるようなフラフラした娘さんになられては困るのだが……。

さまざまな思いを込めて、一尊一尊、大切に描いた。

さて、今回は虚空蔵院の諸仏。

胎蔵曼荼羅では、大日如来の居られる中台八葉院から下（西）へ、持明院・虚空蔵院・蘇悉地院へと続く。これ迄掲載された分に、虚空蔵・蘇悉地の２院を加えれば、胎蔵の中で如来・菩薩と称される諸尊の居られる全ての院の説明を終わることになる。

私達はこれ迄さまざまな院を訪ね、さまざまな尊に巡り合ってきた。その結果、各尊が大日如来の分身であると同時に本誓を持ち、私達衆生の導きの標識として光芒を放っておられるのを見てきた。

蓮華部院や地蔵院では私達が目に見えぬ所で深い慈愛をいただいていることを知ると同時に、他者への思いやりの心の大切さを学んだ。金剛手院や除蓋障院では、正しい智慧の働きで精神を浄め、高い境地に邁進することを学んだ。

また、釈迦院や文殊院では、日々の実践の積み重ねにより禅定を極め、深い悟りに到達する貴さを学んだ。

以上の大日如来の悲・智・定の三徳を極めた者が得られるのが、虚空蔵菩薩の境地である。

主尊の虚空蔵菩薩は、福に満ち、智にあふれ、その内蔵する量は虚空（大空・宇宙）のように広大無辺であるという。

また、三徳を極めた尊として、その能力は融通無碍《ゆうずうむげ》、不可能ならざるはなし。

「若《も》し智慧を得んと欲し、衆の愛着を得んと欲し、若し歌詠を好み、第一音声を得んと欲し、王位百官の位を得んと欲し、種々の資材種々の眷族を得んと欲し、善悪事に於て遠名聞を得んと欲するものは、此呪《じゅ》を持し、亦《また》我名を称名せよ」（虚空蔵経）

世俗的な面での利益のみならず、学問文芸の道での成功をも応援して下さる菩薩として、昔から信仰を集めた。若き日の弘法大師がこの尊を特に崇めたのは有名な話である。 人々に与えても与えても尽きない福徳を示す蓮華、如意宝珠。右手に智慧の象徴たる宝剣。

主尊のみならず、この院に描かれた諸尊は三徳の結実を示している。持明院の般若菩薩の力を受けて禅定を極め、衆生の到彼岸を約束する波羅蜜菩薩達。悲徳の頂点を極める千手千眼観音菩薩。智徳の頂点にある一百八臂金剛蔵王菩薩。この院は尊像も多く、しかも重要な尊像がいくつか含まれている。また内容も複雑で説明が難しい。

174　虚空蔵菩薩《こくうぞうぼさつ》（説明は上記したので略す）

次に十波羅蜜菩薩（十種の到彼岸の方法を示し衆生を助ける菩薩。その応援により修行を達成すれば、さまざまな至福を得る）が並ぶ。

175　檀波羅蜜《だんはらみつ》（檀那《だんな》波羅蜜）菩薩《ぼさつ》

檀那は布施の意味。生死の苦海を渉り、涅槃の彼岸に至る行法を授ける尊。檀波羅蜜を円満すれば、現生に富饒資縁の具足を獲得し、心自在を得て寿命長遠という。

176　戒《かい》波羅蜜《はらみつ》菩薩《ぼさつ》

この菩薩の印を結び、真言を三遍誦し、戒波羅蜜を円満すれば、あらゆる罪業より救われ、来世でも願いの通りに仏の国に生まれることができるという。

177　忍辱《にんにく》波羅蜜《はらみつ》菩薩《ぼさつ》

忍辱とは迫害困苦に耐え忍ぶこと。これを達成すれば、儀容端厳、人に笑顔をもたらし、皆相来りて親しく理解し合うことができるようになる。

178　精進《しようじん》波羅蜜《はらみつ》菩薩《ぼさつ》

円満すれば、身心安楽、疾病を忘れ、世出世の福智皆満つる。

179　禅《ぜん》波羅蜜《はらみつ》菩薩《ぼさつ》

禅定に到達することにより、身心軽利にして、神通速やかに成就し、諸魔をしりぞけ、一切の業障を消滅できる。

180　般若《はんにや》波羅蜜《はらみつ》（慧《え》波羅蜜）菩薩《ぼさつ》

円満すれば、智慧聡明にして、万法解悟し、博《ひろ》く五明甚深の義理に達する。

181　方便《ほうべん》波羅蜜《はらみつ》菩薩《ぼさつ》

如来大悲の索を持ち、方便をもって智慧の彼岸に到着せしむる。円満すれば、無上菩提の資糧を成ず。

182　願《がん》波羅蜜《はらみつ》菩薩《ぼさつ》

四弘誓願《しぐせいがん》（菩薩が発《おこ》す四つの誓願）を司る尊。この尊を敬い、導きに従い円満すれば、全ての願いを皆達成できる。

183　力《りき》波羅蜜《はらみつ》菩薩《ぼさつ》

円満すれば諸々の煩悩を伏し得、惑障を断尽し、不退転の力を得る。

184　智《ち》波羅蜜《はらみつ》菩薩《ぼさつ》

般若波羅蜜と同一三昧。我執による煩悩障、正智の障害たる所智障を断ずる智慧を得る。手に梵経を持つ。

185　共発意転輪《ぐうほついてんりん》（共発生《ぐうほつしよう》転輪）菩薩《ぼさつ》

本地は弥勒菩薩。如来の転法輪の因徳を司り、一切衆生の悪種子を除く。

186　生念処《しようねんじよ》（虚空慧《こくうえ》）菩薩《ぼさつ》

虚空のような無執着の念を所依として生じた菩薩。煩悩砕破の説法の徳を示す。

187　忿怒鉤観自在《ふんぬこうかんじざい》菩薩《ぼさつ》

忿怒の三昧に入った観自在菩薩が虚空蔵菩薩の化導を助けている。

188　不空鉤観自在《ふくうこうかんじざい》菩薩《ぼさつ》

一切衆生を鉤召、全てを救い上げる本誓を示す。不空羂索観音と同体ともいう。

194　無垢逝《むくぜい》菩薩《ぼさつ》

虚空無垢の清浄慧の徳を表わす。左手に持つは、自性清浄を示す蓮華索。

195　蘇婆呼《そばこ》（妙臂《みようひ》）菩薩《ぼさつ》

虚空蔵菩薩の吉祥の徳を司る。

196　金剛針《こんごうしん》菩薩《ぼさつ》

虚空無垢の妙慧の堅固なることを表わす。手には正しい智慧の象徴である金剛を持つ。

197　蘇悉地羯羅《そしつちから》（明成就《みようじようじゆ》）菩薩《ぼさつ》

一切の精進、明王、除障、勇猛事、真言等の万法成就の徳を司る。

198　曼荼羅《まんだら》（大輪《だいりん》）菩薩《ぼさつ》

諸法能生の徳を司る。　　　　　　　　　　（昭60・10）

○

胎蔵曼荼羅の諸々の仏達は、全て中央の大日如来の徳の一面を受けついだ分身であるが、大きく分けて次のようになる。

仏部――大定の徳を持つ。禅定を究め深い悟りに達した仏達。またはそれを目標に修行中の菩薩や使者達。中台八葉院・遍知院・持明院・釈迦院・文殊院・虚空蔵院・蘇悉地院の諸尊。

蓮華部――大悲の徳を持つ。慈悲の心をもって衆生の苦境を救う。蓮華部院・地蔵院の諸尊。

金剛部――大智の徳を持つ。煩悩を打ち砕く正しい智慧と意志力を衆生に与える。金剛手院・除蓋障院の諸尊。

これらのことは、各院の説明の中で述べてきたことであるが、この定・悲・智の仏達が修行の末に得られた果徳の様相を示したのが虚空蔵院であることを、もう一度くり返しておく。虚空蔵菩薩は、この三徳を兼ねそなえた高い境地にあり、融通無碍、その能力は大日如来に近い。

それに対応する悲と智を代表する尊が、千手千眼観自在菩薩と一百八臂金剛蔵王菩薩である。

胎蔵曼荼羅の全体を少し離れたところから見ると、先ず目に飛び込んでくるのは主尊の大日如来であり、次に目につくのが、少し下った左右の位置にかなりの大きさを占めているこの2尊である。

曼荼羅の中でも特に重要なこの2尊にふれることができるのは、作者にとって無上の喜びである。

とはいえ、この2尊は、曼荼羅の作者としては敬遠したくなるよ

一百八臂金剛蔵王菩薩（左）と千手千眼観自在菩薩〈旧図像〉

うな恐るべき尊である。いかに誉《ほま》れ高い大唐帝国の宮廷画家・李真《りしん》といえども、恵果阿闍梨《けいかあじゃり》が側に居なかったら「サヨナラッ」と逃げだしたことだろう。

信じがたい程の多面・多臂《ひ》（腕）の構成。今、この図のデッサン、白描下図制作の過程を振り返って見る。

1984.9.28(金)　金剛蔵王菩薩のデッサンに入る。全体のバランスを取るのが実に難しい。しかし秋の穏やかな日射しのもと、こうして静かに画に向かい合っているのは至福と言うべきか。深夜迄、無限の腕と戦う。

同9.30(日)　夕刻、金剛蔵王のデッサンを完成。少し疲れるが完成の喜びは大きい。静かな秋の黄昏。外は銀灰色。Bach のギターによるシャコンヌが流れている。くり返されるリズムと、多臂から生ずる視覚的リズムとが不思議に調和して面白い。持物《じもつ》の処理に少しは工夫したつもり。これで、千手観音に立ち向かう勇気が出る。

同10.1(月)　千手観音のデッサンに入る。再び、頭部と身体のバランスに苦しむ。

同10.3(水)　持物を持つ手が終わった。これから無数の小さな手のデッサンに入る。万一のことを思い、絵は枕元において寝る。

同10.4(木)　千手観音を完成。肩の荷が下りた。これ迄の尊像の中、やはり一番手間取った。完成を神仏に謝す。

さて、白描の方は今年に入ってからである。

1985.5.23(木) 快晴　難物（仏）・千手観音と金剛蔵王の2尊の白描に入ったのは4日前（19日）。まだまだ、かかりそうである。指痛し。

同5.31(金)　やっと、この2尊の白描が終わった。胎蔵曼荼羅の中で大日如来に次ぐ重要な尊。実に複雑な構成である。この時代に可能な限りのイメージを合成した尊で、象徴的な持物を持つ。その中にはさまざまな武器を持つが、これが現代であったら右手に原爆、左手に水爆くらい持たすだろうか。他者の作品の苦労も良く解った。

結局、この2尊は、デッサンに計7日、白描に計13日かかったことになる。

以下、諸尊にふれる。

189　千手千眼観自在菩薩《せんじゅせんげんかんじざいぼさつ》（千手観音《せんじゅかんのん》）

『千手千眼観世音菩薩広大円満無礙大悲心陀羅尼経』の中で、観音菩薩が語られる。

「無量劫の昔、千光王静住如来という如来がおられた。この如来が私（観音菩薩）を憐念する故に、また、一切の衆生を憐念する故に、広大円満無礙大悲心陀羅尼を説かれた。如来は金色の手でもって私の頭の頂をなでて言われた。『善男子よ、あなたはこの心咒をもって、普く未来悪世の一切衆生のために、大利楽をなしなさい』と。私はこの時は、まだ（菩薩十地の悟りの中の）初地にあったのだが、一度この心咒を聞いたおかげで第八地を超えることができた。私はこの時心が歓喜したので、誓を発して言った。『もし私がこれから先、一切衆生を利益し、安楽にすることに練達したならば、ただちに、身に千手千眼を生じて（ますます衆生を助けることができるように）具足して下さい』と。私がこの願いを発し終わった途端、私は千手千眼の身を得ることができた。」

衆生済度に励む観音菩薩の働きを如来がご覧になって、さらにその力を増益して上げようと心咒を教えられ、観世音は千手千眼を得られたという。観音自身が果徳を得られたことになるし、私達が普段より精進を積めば、その分、千手千眼のご利益を頂けるということにもなる。

経軌により、面数・臂数が異なるが、現図胎蔵の尊は27面、千臂（この中、器杖を持つのは40臂）。27面は、この尊の本誓二十五済度の25面、及び本面と本地阿弥陀仏。持物がお互いに交錯し遮蔽しないこと。配置に統一感があることがポイントである。持物・印相は次の通り。

〈右手〉青蓮華・合掌印・弥陀定印・鉢・蒲桃《ほとう》（ぶどう）・梵篋《ぼんきょう》・

三鈷杵・宝印・錫杖《しやくじよう》・施願印・数珠《じゆず》・胡瓶・箭《せん》（矢）・五色雲・剣・白蓮・髑髏《どくろ》・鏡・月・鉤《こう》・化仏《けぶつ》

〈左手〉紅蓮・経篋《きようきよう》・宝珠・螺《ら》（貝）・独鈷杵《とつこしよ》・鐸《たく》（鈴）・三鈷杵・釧《せん》（輪）・索・澡瓶《そうびよう》・弓・榜棑《ぼうはい》・鉞《えつ》（斧）・紫蓮・楊柳・白払《ほつす》・法輪・日・宮殿（異説あり）

この世の全ての人の幸せを願う観世音、しかし「南無観世音菩薩、私達はあなたの恵みに値するでしょうか？」私はふと思うことがある。

190　婆藪大仙《ばそだいせん》

バラモン仙人。天を祀り、殺生等の罪により生きながら地獄に堕ちた。苦を受けること無量劫。しかし華聚菩薩に救われ、仏教に帰依したという。

191　功徳天《くどくてん》（吉祥天《きつしようてん》）

毘沙門天の妹ともいう。兄の居城・最勝国に住む。一切衆生に大いなる功徳を与えることを本願とする。眼目弘長、顔貌寂静。古来よく知られてきた女神である。

192.193　飛天《ひてん》

天界に位し、空中を自由に飛ぶ。瑞兆を表わし、観音を讃える。

199　一百八臂金剛蔵王菩薩《いつぴやくはつぴこんごうぞうおうぼさつ》

聖観音菩薩が千手観音に変化するように、金剛薩埵が変化した尊。広大無辺な智慧力を示し、一百八臂でもって百八の煩悩を退治する。胎蔵のものは16面、94臂（しかし、彩色胎蔵曼荼羅で儀軌の通りに22面108臂に描きあらためた）。

左右の手の持物は独鈷・三鈷・法輪・索・戟《げき》・剣・鉤・宝珠・梵《ぼん》篋《きよう》・棒・花形杵など。千手観音の持物に比べて武器の類が多く、煩悩断尽の勢いを示す。しかし、この尊には独立した経典は無いようである。根本経典である『大日経』の中にも千手観音・金剛蔵王ともに記述が無く、曼荼羅作成の中で阿闍梨によって想念された意楽《いぎよう》像《ぞう》であろう。

ともあれこの２尊こそは、最も神秘的で、最も東洋的発想の多面・多臂の仏である。

200.201　飛天使者《ひてんししや》（説明は省略）

虚空蔵院の仏達は、大いなる果徳をもって私達に語りかけておられる。あとは、私達の心の目が覚めているかどうかにかかっている。

（昭60・11）

11　果徳の妙成就－蘇悉地院《そしつぢいん》

秋もいよいよ深まりつつある。柔らかい日射しのもと、重い黄金の稲穂が風にゆれている。今は刈入れの時。

長く厳しい仏道の精進の後に、豊かな果徳を得られた仏の姿が虚空蔵院の仏達であり、また蘇悉地院の仏達である。

曼荼羅と称されるものには、実にさまざまな形式のものがあるが、私が目指すのは「現図《げんず》」と呼ばれる弘法大師請来の両界曼荼羅の形式によるものである。これは、『大日経』と『金剛頂経』の叙述をもとに作成された。

しかし制作の指図をされたと目される恵果《けいか》阿闍梨（空海の師）は、経典の叙述にのみ限定されることなく、豊富な経軌の知識と深い三昧によってもたらされたイメージをもとに、自由にして厳格、広大にして緻密な大画面を出現させたのである。

それは幾何学的な構成で全体の統一が計られ、見る者に深い安定感と集中心を与えるものであった。

画面は上下・左右がほぼ対称。従って上下・左右の各院の配置や、仏菩薩の尊数がほとんど同じになるように配慮されている。

今回の蘇悉地院は、「現図」よりも古い曼荼羅によると虚空蔵院の一部であったが、現図において、上部の釈迦院・文殊院とつり合いがとれるように一院として独立したものである。従って内容的には虚空蔵院と全く同じだと考えてよい。

蘇悉地院――梵語スシッディの音写語であり、漢語訳は妙成就。

虚空蔵院については、前述したので、ここでは「虚空蔵菩薩の万徳の妙なる力を強調する院」と言うにとどめたい。

慈悲面を象徴する尊４、金剛性を象徴する尊４の計８尊。私達をして果徳を得させんと、霊妙なる力を発揮しておられる。

以下諸尊にふれる。

202　不空供養宝菩薩《ふくうくようほうぼさつ》

供養空しからず、必ずや我身の果徳として仏果を得るの意であろうか。

203　孔雀王母《くじやくおうぼ》

孔雀明王の菩薩形。美しい孔雀が、猛毒の蛇を撃退し食することから神格化された。優しいお姿ながら一切衆生の諸毒を除く力を持つという。手にするのは、もちろん孔雀の尾羽。

204　一髻羅刹《いつけいらせつ》

観音の変化身であるが忿怒像。観音が無能勝三昧の境地にある時、その頭頂より出現した化身。一切の煩悩を断尽する。羅刹は人を食べるが、この尊は人の苦悩を食べる。

205　十一面《じゅういちめん》観自在《かんじざい》菩薩《ぼさつ》

一般には11面、２臂が多いが、この像は４臂。衆生の十一品の無明を十一地の仏果となす。寂静の３面が定、威徳の３面が智、利牙の３面が悲を、頂上の仏面が第十一地仏果を表わす。よって定・悲・智を兼ねた霊験あらたかな観音菩薩として、古来より崇敬を集めた。

「①離諸病、②如来摂受、③獲財穀、④怨敵不害、⑤国王慰問、⑥不被虫毒・寒熱、⑦刀杖不害、⑧水不溺、⑨火不焼、⑩不夭折」の十勝利、「①臨終見仏、②不生要趣、③不死命終、④往生極楽」の四種功徳が絶大であるという。

206　不空《ふくう》金剛《こんごう》菩薩《ぼさつ》

一切衆生を煩悩にまどわされることなく彼岸（悟り）に達せしむる、を本誓とする尊。

207　金剛《こんごう》軍荼利《ぐんだり》

金剛部の辨事明王。金剛部の使者の役か。金剛薩埵の下にも居られる。

208　金剛《こんごう》将《しょう》菩薩《ぼさつ》

将は軍隊を意味し、無数の菩薩（軍隊に例える）を司る。

209　金剛《こんごう》明王《みょうおう》

明とは仏の智慧、その威力を発揮する呪文の意。その呪文で教えを宣布するに勝れた尊。

華瓶《かびん》

地蔵院、除蓋障院の上・下部分を飾り、曼荼羅中の諸尊を供養する（84頁）。

制作中の曼荼羅の下図を掲載するとともに「曼荼羅とは何か」という心の模索を記録してきたのだが、今回で胎蔵曼荼羅第三重の院まで全て終わった。

「曼荼羅とは何か」をいきなり中台八葉院の中心、主尊・大日如来から始めたのは、日本を知るのに富士山の頂上から下を眺めるようなものである。これ迄、山頂から山麓に下る幾筋かの道をたどったのだが、いよいよその広大な裾野に達した。

これから混沌とした人間界、もっと血腥《ちなまぐさ》い地獄の世界、神々や星宿の神秘な世界に入って行くことになる。最外院、そこは興味のつきない六道の世界である。　（昭60・12）

12　荒ぶる神々―最外院《さいげいん》（外金剛部院《げこんごうぶいん》）

◆東方

薄暗くなってきた秋の夕暮時、私が机に向かっていると裏の山の中でけたたましい鳴き声がした。猿の群れと数匹の犬が威嚇し合っているのである。彼等は何のために闘っているのか知らない。彼等の体の中の本能が野性の血を騒がせているのである。

曼荼羅の制作にたずさわって三度目の秋を、私はこのように深い自然のふところで過ごすことになった。ここには都会で失われた自然の営みが、まだ生きている。それが時には神秘的とさえ思われることもある。

暗黒の時代から、人類は災いを避け幸福を願ってきた。その為に、自分の運命を左右する宇宙の法則を探し求めたのである。

その結果、太陽・月・星は神秘的な偉大な力をもつものとして崇められ、どの宗教でも大きな役割りを果たすことになった。

太陽・月・星は神格化され、擬人化され図像化された。また天文学が発達し、各時代さまざまな暦がつくられ、人間生活の営みに重要なものとなっていく。

また、大地そのものも畏敬され、地の神・水の神・火の神等が誕生した。

仏教の中でも、ヒンドゥー色の強い密教では、沢山の神々が説かれたが、それを天と呼んでいる。天とは神々のことで、天上におられるだけでなく、水の底、地の底にもおられる。

天のほとんどが今では仏弟子となり、私達を守ってくれるのだが、時々昔の本性を発揮して瞋《いか》り狂う。その時、私達に大きな災いをおよぼすことになる。大風・飢饉・水害・旱魃《かんばつ》・地震・戦争・病気……。

また私達の魂（生命）は、死後に天道・人間道・修羅道・畜生道・餓鬼道・地獄道の六道を永遠に輪廻転生するという。道は界とも呼ばれる。私達は今、「人身受けがたし、今すでに受く」の人間道（界）に住んでいる。が、次の世は何処へ行くか誰も知らない。私などは天（神）界へ生まれ変わるのはまず無理だろう。蛇に生まれて冷い草地を這いずり回ったり、ゴキブリに生まれて、「○○ホイホイ」などに目がくらんで足でもつっこんで、もがき苦しむかもしれない。できることなら「解脱」し「成仏」したいが、なかなかそ

うはいかない。せめて再び人間道（界）に生まれ変わりたいものである。

この六道の有情《うじょう》が勢ぞろいしているのが、この最外院（外金剛部院）である。この院の全ての尊は未だ煩悩に苦しみ、死の不安を抱えていることになる。善行を積み、禅定を深めた結果、六道から解脱して釈尊は仏となられた。

最外院をもっと良く知るには、古代のインドの宇宙観、つまり仏教における宇宙観を頭に入れておいた方がよいと思う。

仏達の住まわれるところ、天・人間等の住むところ、日・月の運行する道など、上のイラストに目を通していただきたい。この図は一つの仏国土を描いたものであるが、このような世界が無数にあるという。

鉄囲山《てつちせん》という高い山々に囲まれた広大な海（鹹海《かんかい》）の中に、四つの洲《しま》がある。南に私達人間が住んでいる瞻部《せんぶ》洲（閻浮提《えんぶだい》）、東に勝《しょう》身《しん》洲、西に牛貨《ごか》洲、北に倶盧《くる》洲。

さらに七つの山脈（七金山）、七つの海（七香海）があり、その中央に須弥山《しゅみせん》がある。

須弥山は四宝（金・銀・瑠璃《るり》・玻黎《はり》）からなり燦然と輝いている。その高さは八万由旬（約56万キロメートル）。

山の中腹には、四つの段層があり、下の三層には四天王の眷属（手下）、四層目に四天王――東に持国天、南に増長天、西に広目天、北に多聞天が住む。頂上は忉利天《とうりてん》と呼ばれ、天人を統率する帝釈天が喜見城に住む。

阿修羅は須弥山の北の大海の水底に住み、たびたび帝釈天に闘いを挑んで暴れ回る。また地獄は我々の洲の地下にあるという。

頂上の上方にはさらに未来仏・弥勒菩薩の住む兜率天《とそつてん》があり、梵天王の住む大梵天があり、最上部・色究竟《しきくきよう》天の魔醯首羅《まけいしゅら》天宮に大日如来が居られる。

また、日・月は須弥山の中腹部を、風の帯のような踰健陀羅《ゆこんだら》に乗って回っておられると説く。

以上が一つの須弥山世界。これが千集まって小千世界。小千世界が千集まって中千世界。中千世界が千集まって大千世界。一つの大千世界が一如来の仏国土であり、私達の住む世界は釈迦如来の仏国土に属す。ここから十万億土離れたところが阿弥陀如来の極楽浄土だという。

曼荼羅はこのような宇宙観のもとに描かれた。かつて大いに暴威を振るい人々を困らせた神々達は、仏の出現とともに摂化《しょうげ》されて、今は少し大人しくしておられる。

神々も、人間も、亡者達も全て仏性がそなわっていて、大日如来と一体であるという胎蔵曼荼羅の教えは、この最外院なしにはありえない。

以下、東方の諸尊にふれる。

210　伊舎那天《いしゃなてん》

大自在天の一層忿怒したもの。この天が喜ぶ時は諸天もまた喜び、この天が瞋《いか》る時は魔象皆現じて国土が荒廃するという。諸天中の猛神。

211　喜面天《きめんてん》

伊舎那天の愛子。 摂受方便の徳を司るという。

212　常酔天《じょうすいてん》

伊舎那天の眷属。常に貪《とん》・瞋《じん》・痴《ち》の三毒の酒に酔いしれている。酒毒の恐ろしさを身をもって一切衆生に示している有難い尊だ。

213　器手天后《きしゅてんこう》／214　器手天

常酔天に同じ。こちらは夫婦でごきげん。すっかり出来上がっている。

215　堅牢地神后《けんろうじしんこう》／216　堅牢地神

地天とその妃。大地の守護神。もともと地天は女神だったというが、後に変じて男神となったという。福徳豊饒の神。地鎮祭に祀られる。

217　非想天《ひそうてん》／218　無所有処天《むしようしよてん》／219　識無辺処天《しきむへんしよてん》／220　空無辺処天《くうむへんしよてん》

いずれも無色界（完全に物質の欲望から離れた世界）に住する天達。姿・形から言っても、如来に近い。

221　惹耶《じやや》（日天后《にってんこう》）／222　日天《にってん》／223　微惹耶《びじやや》（日天后）

日天と二人の妃。太陽を神格化したもの。ヒンドゥー教の太陽神・スーリャや、ギリシャの太陽神・アポロと同じく、馬車にて天空を駆ける。万物の成熟を司り、一切衆生を活躍せしむる。観音の化身ともいい、この天瞋る時は光なく闇となり、寒苦たちまち迫るという。両隣りは、その妃達。

224　帝釈天《たいしゃくてん》

ヒンドゥーよりもさらに古いバラモンの主神インドラが変じたもの。インドラは戦の神・雷神であり、手に雷電《ヴァジラ》（稲妻・電戟。さらに変じて金剛杵となった）を持つ。忉利天にて部下の三十二天を統率するという。人間に財宝を与え、霊力を授ける施福の神でもある。

225　守門天《しゅもんてん》／226　守門天女《によ》／227　守門天／228　守門天女

図は文殊院の東門上に掲載ずみ。文字通り東門を守る神々。

天達は一応、光背をいただいているが、白毫《びゃくごう》は無い。姿・形もさまざまで自由である。描く側も同じように威儀を正したり、乱れたり、笑ったりしてみる。ただ、常酔天の真似だけは控え目にしなければならない。（昭61・1）

○

ある日、私がふと手にした古い女性週刊誌をパラパラとめくっていると、楽しそうな記事が目にとまった。それは「あなたと彼の今週の運勢」という記事で、少し拾い読みをしてみると、これがなかなか面白い。読者の女性と、その恋人の誕生日の星座をもとに占うものらしい。

例えば、乙女座の女性＝「今一つ盛り上がりには欠けるが、努力はそれなりに実を結ぶ不満の無い運勢です。特に愛情面は願望のかないやすい時で、彼にアタックをかけるなら今週がチャンス……」とあり、乙女座の彼＝「両親や伯父・叔母などからうれしい知らせが届くかも。親戚筋の年長者に礼を尽しておくと、思わぬ幸運にありつける……」とある。

読んでいて、私は思わず顔がほころんだ。ニュー・ファッション華やかなページの次が、紀元前に考え出された十二星座（宮《ぐう》）による占いのページなのである。神仏等を笑いとばしてしまいそうな若い娘さん達が、このようなページを一心に読みふけっている姿をよく見かける。

この十二宮《ぐう》（星座）の思想は、擬神化されて、ちゃんと曼荼羅の中に入っていた。

最外院には、前記した宇宙観のもと、日・月の他に沢山の星々も神々として登壇してくる。私は天文学については全く無知であるが、「曼荼羅とは何か」を理解すべく、十二宮・二十八宿・七曜（九曜）について少し調べてみた。折しも「ハレー彗星」の地球への接近で、だいぶ世間も騒いでいるようである。

それにしても宇宙というものは神秘的なものだ。太陽は日々朝を運んでくるし、月は夕刻になると静かなやさしい姿を現わして人々に憩《いこ》いを与える。また、月の周囲にはきらめく諸星が妖しい光を放っている。

人々は太古の昔から自然の恵みのままに、農耕、牧畜などによる生活を営んできた。しかし自然は時に人間に対して苛酷である。寒さ、飢えの不安、病気、死の脅威は常に人々の近くにあったであろう。

人々は明日を生き抜くために、神が人間に告げられる予兆を天体の運行の中に見つけようとした。月は形を変え、星は位置を入れ替えて何かを合図しているからである。天体の観測は、あらゆる国で不断に続けられていたが、やがてメソポタミヤの人々（約五千年前、人類最古の文化を築いた）は、次のようなことを発見した。

月は、三日月・半月・満月・半月・新月（暗夜）を、それぞれ7日位ずつ経て、29日から30日位で姿を元にもどすと。

一月《ひとつき》という区切りが始まった。十二ヵ月で季節が一回りすることも知った。

次に、昼間太陽は眩しく輝き星々の姿を見ることはできないが、夜になってその太陽の通ったと思われる辺に、季節により特に目立つ星座が現われることもわかった。十二星座（宮）の発見である。

また、星の中には目まぐるしく位置を替える星・惑星がある。現在の火星・水星・木星・金星・土星であり、太陽と月を加え七曜とした。現代に至る天文学の基本的な知識は、メソポタミヤで栄えたシュメール、アッカド、カルデア人達が発見したものらしい。もちろん、西のギリシャ、東のインド・中国でも盛んに観測されていたと思うが、それより二歩も三歩も先んじていたらしい。この天文学は東西に伝播したので、仏教の宇宙観にも大きな影響を与えている。

前記の「宇宙観図」を見ながら、私と一緒に夜星を仰いでいただきたい。神々の住む巨大な塔・須弥山の中腹に、大きな風の輪（踰《ゆ》健陀羅《こんだら》）があり、太陽と月がその上を回っている。

一日の昼は太陽が、夜は月が支配する。

太陽は一年かかって黄道の上を一周するのだが、黄道の上を12等分したところに12の神殿があり、そこにほぼ一月間ずつ宿泊する。これを十二宮という。各宮の名称はギリシャ神話により名付けられ、12の名称がインドに伝わり、さらに中国に伝わった。その中で山羊《やぎ》座《ざ》が磨竭宮《まかつぐう》に変わっただけで、他は全く同名。先に述べたように、

12の星座はギリシャ神話の神や獣の姿・形を想像して名付けたものであったが、それぞれの星座の大きさや間隔もまちまちであった。これが黄道上を12に等しく分割して、そこに一宮ずつを定めたのが十二宮の思想である。その間に大きな違いがあるのだが、東・西それぞれ、その人の生誕日が何座（宮）にあるかによって占う「占星術」が大いに発達したらしい。また、各宮は人の運命を左右するだけでなく、天変地異にも大きな影響を与えるとして重視されたらしい。十二宮は次の通り。

1獅子宮《ししぐう》　2女宮《によ》　3秤宮《ひよう》　4蝎宮《かつ》　5弓宮《きゆう》　6磨竭宮《まかつ》（山羊座《やぎざ》）　7瓶宮《べい》　8魚宮《ぎよ》　9羊宮《よう》　10牛宮《ぎゆう》　11婬宮《いん》　12蟹宮《かい》

一方、月は同じ輪の上を一ヶ月に一度、輪の上にある27の星の宮殿（宿）に宿りながら回っているという。(中国では二十八宿)

二十七（八）宿の始まりは、メソポタミアとも、インドとも、中国ともいわれ、まだ定まっていないようである。しかし古来、その日の全ての吉凶禍福がこれらの星宿に表われるとして重視され、中国においては『史記』や『前漢書』中にも記載があるという。ただ二十七（八）宿の各名称は全く中国的なものであり、他の国のものとは共通性は無い。各称を次に掲げる。

昴《ぼう》、畢《ひつ》、觜《し》、参《しん》、井《せい》、鬼《き》、柳《りゆう》、星《せい》、張《ちよう》、翼《よく》、軫《しん》、角《かく》、亢《こう》、氐《てい》、房《ぼう》、心《しん》、尾《び》、箕《き》、斗《と》、牛《ぎゆう》、女《によ》、虚《きよ》、危《き》、室《しつ》、壁《へき》、奎《けい》、婁《ろう》、胃《い》。

この二十八宿の数字は、月の形の変化を観察して割り出したものと思われるが、一月は約30日であるとわかってきてからは、いろいろな矛盾が生じてきたようである。

曼荼羅の中では、これらの星宿達はいずれも片手に蓮上宝珠を持ち、にぎやかに鎮座する。私はその頭上に、各星宿の星座を描き込むことにした。その方が楽しく美しいし、また曼荼羅を理解しようとする人々への手だてとなればと願ってのことである。

さて、日・月には他の五星（火・水・木・金・土）がお供して回っていると考えられていた。この7つの星（七曜）が交代で一日を支配するとした。これらの星々も十二宮を宿りつぎ回っている。この七曜に、日蝕・月蝕を起こさせるいたずら者の羅睺星《らごせい》と彗星《すいせい》（計都星《けいとせい》）の2星を加えて九曜《くよう》（九執《くしゆう》）という。これらの星々にも善悪の性質があり、人々の運命に大きな力を持つと考えられたが、最外院に登場している。

星宿については、『大日経』に、曼荼羅の壇を築くにあたって宿・九曜をよく調べて最適の日を選ぶように指示しているが、『大日経疏』では曼荼羅の中に十二宮、宿を描くよう指示してある。

『大日経疏』は、インド僧善無畏《ぜんむい》の口述するを中国僧一行《いちぎよう》が筆録した。この一行は呪術をよく使い、ある時は玄宗皇帝に請われて雨を降らせたというが、一面、科学者として天文学に長じていて、その業績は西洋においても高く評価されているという。

星宿と占星術と科学の混在するところが如何にも密教らしくて深遠であるが、メソポタミアで生まれた星達も今は仏弟子となり、胎蔵曼荼羅の中で尽きることの無い光を放っている。

以下、諸尊にふれる。

229　持国天《じこくてん》

帝釈天の外臣。東方神洲を守る天。須弥山第四層賢上城に住む。乾闥婆《けんだつば》、羅刹《らせつ》を眷属（手下）とする。

230　大梵天《だいぼんてん》

インド古来の天地創造主・ブラフマンを仏教に取り入れたもの。帝釈天と共に護法神となった。清浄で理性に富み、一切衆生の主として天上を治める。この天が喜ぶ時は世の中は平和に満ち、この天が瞋る時は世の中は不安に満ち大いに乱れるという。

次に二十八宿・十二宮が続くが、『宿曜経《しゆくようきよう》』の中から特徴ある記述を掲げておく。

231　昴宿《ぼうしゆく》

「此の宿直に生まるる人は、法として善を念じ、男女多く学問を勤め容儀《ようぎ》（礼儀）有るべし」

232　畢宿《ひつしゆく》

「此の宿の直りの日は、農桑種蒔し田宅を修理し、溝渠《こうきよ》を通決し横を修め道を作し、諸の安久の事に宜《よろ》し」

233　觜宿《ししゆく》

「舎屋を作り、及び旌纛《せいとう》（旗と大旗）・牀帳・家具を造り、新宅に入り、嫁娶し、沐浴し、装束し、壇に入り、星曜を祭るに宜し……」

234　参宿《しんしゆく》

「此の直りの日は、財を求め、及び地を穿ち乳酪を売り、蘇を煮、油を圧し及び諸の剛猛の事に宜し」

235　鬼宿《きしゆく》

「此の宿に生まるる人は、法として分相端正邪僻なく心力足るに合す。多聞にして妻妾あり、財宝に豊饒なり……」

236　井宿《せいしゆく》

「此の直りの日は百事を作し、名誉、長寿、若しくは王事を理《おさ》め、及び諸の厳飾の相、官を拝し位に昇り、壇に入り、鎮を受くるに宜し、密法を学ぶは吉なり」

237　柳宿《りゆうしゆく》

「此の宿の直りの日は、剛猛断決逆を伐ち悪を除き、城を攻め賊を破り、天下を呑害することを作すに宜し……」

238　牛密宮《ごみつくう》（牛宮《ぎゆうぐう》）

「四足畜牧の事を主るによし。福徳あり、親友足り、長寿にして人の貴敬を得る」

239　白羊宮《はくようくう》（羊宮《ようぐう》）

「若し人生まれてこの宮に属すれば、法として福徳多く長寿にして又能く忍辱なるべし。厨饒を掌る任に合す」

240　夫婦宮《ふうふくう》（婬宮《いんぐう》・女）／241　夫婦宮（男）

「子孫を胎妊する事を主る。この星に生まれれば、妻妾多く、人の愛敬を得るに合す」

次に九曜の中から数尊。

242　彗星《すいせい》（計《けい》都蝕《としよく》神星《しんせい》）

羅睺星と共に日・月に蝕を起こさせる。古来、余り縁起の良い星では無かったらしい。「若し人此の名に臨まば官最も多く逼塞《ひつそく》し官を求めて遂げず、疲病多し」

243　流星《りゆうせい》

流れ星のことである。

244　日曜《にちよう》

日天のこと。「もしこの本命に従って行動すれば、官を加え、禄を進め喜事があり」

245　日曜眷属《にちようけんぞく》

日天の家来。

246　婆《ば》藪《そ》仙后《せんこう》／247　婆藪大仙《だいせん》

この仙人については前述（170頁）したので説明は略す。

248　火《か》天后《てんこう》／249　火天

火天はバラモンの火の神アグニがもとの姿。火の神秘的な力を示すと共に、密教では如来の智慧の光（火）の象徴として如来の智徳を示している。十二天の一。后はその妃。

「如何なる星の下に！」。私の知人の初孫さんは、ご家族の大きな祝福の中に誕生し、可愛がられてすくすくと育っていたが、四ヵ月を迎えたある日、忽然と亡くなった。

ご家族の皆さんの悲しみはいかばかりとお察しして、ご冥福をお祈りするばかりであるが、それにしても余りにもはかない生命であった。人それぞれの命運ではあるが、星達よ、一度仏の弟子となった身であれば、人々に残酷ないたずらをするのではなく、人々を守り、喜ばせて、感謝される神々であってほしい。……私は心からそう願うのである。

（昭61.2）

◆南方

私は曼荼羅の中の夥しい数の仏達や神々を描きながら、いつも考えることがある。

それは、これらの仏達の誕生の地インドで、何故仏教が衰退したかということである。その原因をある仏教学者にお尋ねしたところ、「はっきりした原因はよく判っていないが、殺生を禁じたことで農民層の支持を得られなかったのがその最大の原因ではないか。田畑を耕せば、意思に反してでも地中の生物を傷つけたり殺してしまうこともあるから」と教えられた。

歴史的には、イスラム教徒による迫害で壊滅的な状況に追い込まれ、全滅とまでは言わなくても、現代のインドにはごく少数の仏教徒を残すのみと伝え聞いている。

どの国にも歴史的・民族的にさまざまな背景がある。インドのように多種多様な民族からなる複雑な国のことは私にはよく解らないが、圧倒的な数を誇る農民達に受け入れられなかったのは事実なのだろう。

では何故、他の国の農民達には受け入れられたのか？　日本の場合はどうだったのか？　私の手もとの『新・仏教辞典』（中村元監修）の日本仏教の項に、仏教と日本の農村（いや国民と言っても良いかも知れない）との係わりを捜してみると、次のようなことが書いてある。（要点のみ）

一、鎮護国家の為に特に密教の呪術祈禱が重んじられた結果、呪術祈禱が民衆の生活にも深く浸透し、現世利益を追いもとめる実利の具とされるに至った。

一、他国の仏教と対比して、日本の仏教ほど社会救済の慈善・福利に努力したものは他に例がない。

一、よい意味での民衆教化をたえず続けて来たこと。

大都会のビルの谷間では物質文明の恩恵に我を忘れてしまいそうであるが、その代償に私達は何を失いつつあるのか？

私はこの問に答えられる素晴らしい一夜の体験をした。そこでは、曼荼羅の中の仏達や神々が私を待っていてくれたのである。

冬のはじめのある夜、村の雑貨（酒）屋へ買物に出掛けた私は、そこでＩさんと知り合った。Ｉさんは、私の住む所からさらに数キロ奥の山中の部落に住んでいるという。そして今夜ぜひ遊びに来てくれと言う。前から一度はその村を訪ねてみたいとは思っていたのだが、あまり突然だったのでお断りした。

すると、途中まで車で送ってくれると言うので私が車に乗り込んだところ、途中下車させてくれない。「いいから、いいから」と走らせる。とうとう私も諦めて、深い闇の中、ヘッドライトの光に次々と展開する夜の山道の不思議な光景に見とれてしまった。Ｉさんはジープを運転しながら、「先祖が大事に残してくれたものを大事にしなければ駄目だよね」等と言い、驚いたことに光明真言やお不動さんの真言を唱えたりする。子供の時から朝晩唱えているそうである。

突然、暗がりの中につぎつぎと仏さん達が浮かび上がった！　大日如来、阿弥陀如来、薬師如来、不動明王、聖観音、如意輪観音、馬頭観音、お地蔵さん、お稲荷さん、道祖神……。微笑と怒り。石仏達がさまざまな表情で私を迎えてくれたのである。

やがて目指す村へたどり着いたらしい。車は一軒の農家の庭先で止まった。

萱《かや》ぶきのやや小じんまりした家の玄関に入った時、私は一瞬錯覚をきたした。

まるで、中世のフランドルの画家ヴァン・アイクやヴァン・デル・ワイデンの世界、フランス近代のル・ナンやジョルジュ・ラトゥールの「聖家族」の場に出くわしたかのような……。

それは暗い照明の中で見た天井が数枚の板を無造作に並べただけであったり、太い柱が荒っぽく交叉しているからだけではない。永の労苦で深いシワを刻みこんだＩさんのお父さんと、赤いスカーフで頭から顔をスッポリとくるみ、顎のところで結んでいるお母さんが、共に綿入れを着て炬燵に向かい合っている姿が余りにも古風だったからである。

部屋には黒い仏壇があり、少し高い所の神棚に八幡様と氏神様の二つの社がある。また天照皇大神と八幡大神・春日大神を描いた石版刷りの画軸が掛かっている。

すぐ近くに水神様があるとの話だったが、おそらく、田の神、地の神、山の神、火の神等も祀られていることだろう。ここでは神々が生活している！

酒を酌《く》みながら、この地での生活の工夫や体験を語られるご老父、控え目に、しかし誠意あふれるもてなしをして下さるご老母。私には、このお二人が『今昔物語』の世界から飛び出してこられた翁と嫗の姿に見えた。

「私らは、他に何を頼りに生きて行けますか」という老翁の言葉を耳に残して、その夜は深い眠りについたのである。

翌朝、Ｉさんたちの一日は、神・仏への挨拶から始まった。私は見事に花開いた数本の清々しい水仙の花をお土産にいただき、車に乗った。

光は明るいのに深い霧が立ちこめていて、山や畑の稜線が片ボカシになっている。路傍の石仏達は、夜の間何を語り合われたのであろうか？「この国は緑が多くて、人々は純朴で居心地がいいですよ」と言って下さったかどうか、私は少し心配なのである。

日本で根付き花開いた仏教のさらなる発展に、私の曼茶羅がお役に立てば、こんなにうれしいことはないのだが……。

さて、今回の私の図像は、最外院・南側（画面に向かって最右端）の諸尊。（引用文は『宿曜経』）

250　阿詣羅仙《あけいらせん》／251　阿詣羅仙后《こう》

阿詣羅仙は火天の眷属の仙人。后はその妃。

252　瞿曇仙《くどんせん》／253　瞿曇仙后《こう》

瞿曇仙は六火天の一。火天の眷属。また、この仙人は釈迦の祖先ともいう。傍に妃。

254　毘紐女《びちゅうにょ》／255　自在女《じざいにょ》／256　夜摩女《やまにょ》

共に焔摩天《えんまてん》の眷属たる七母天《しちもてん》の神々。もとはヒンズー教の女神達。

次に太陽の宿る十二宮（星座）が続く。

257　賢瓶宮《けんびょうくう》（瓶宮《べいくう》）

立春から雨水にかけて太陽はここに宿る。この宮に誕生したる人は「好んで忠信を行い、学問足りて富饒なるべし。学館を掌《つかさど》る任に合す」

258　摩竭宮《まかつくう》

摩竭は経典に出てくる巨大な魚の名。この星の下に生まれれば、「心麤《あら》く五逆不敬の妻に合す。刑殺を掌るの任に合す」。西洋の山羊座にあたる。

259　双魚宮《そうぎょくう》（魚宮）

「将相となって失脱なく、学問ありて富貴なるべし。吏相を掌るの任に合す」

次に、一日を司る九曜の星が続く。

260　羅睺星《らごせい》

日月の光明を遮《さえぎ》り、日蝕・月蝕を起こさせる星。この星の下に生まれれば、官を憂い、位を失い、病を重ね、財物破れ散すという。

261　木曜《もくよう》

この星の日は、善知識を求めたり、布施をしたり、嫁を取ったり、新しい衣を着たり……等に適し、この星の下に生まれれば、貴重栄禄に出合うという。

262　火曜《かよう》

この星はいささか縁起が良くないようである。この星の下に生まれれば、「醜陋悪性、親しみを妨げ、族を害し、弓馬を便して瞋《いかり》多きに合す」という。

次に二十八宿中の星の神々が並ぶ。

263　星宿《せいしゅく》

「この直日は、雑穀を種蒔するに宜し、五穀を種するに宜しからず」この星に生まれれば「諍競を愛し、厭捺する（抑える）こと能わず、瞋怒を嗜《この》み、父母生存すること能わず」

264　軫宿《しんしゅく》

この日は「遠く外国に行き、衣裳を修理し、芸術を学ぶ」等に吉という。

265　亢宿《こうしゅく》

この星に生まれれば「頭首を統領し、弁口詞を弁じ、能《よ》く経営し、財物饒《おお》し……家風を益するに合す」

266　張宿《ちょうしゅく》

「女を求め婚娶し、宅を修め、官を拝し……道を学び仙を承《う》くる並びに吉なり」

267　翼宿《よくしゅく》

この日は「田宅に宜し、牆《まがき》を築き、塹《みぞ》を穿ち、農業を修め種蒔し、凡そ諸の安久の事に並びに吉なり」

268　角宿《かくしゅく》

この星に生まれた人は「天仏を供養し心性を受くることを良善にして、君主の優寵を承け……」という。

269　氐宿《ていしゅく》

「観兵行軍し、天神を祭祀し、将士を賞賜するに並びに吉なり」

270　薬叉《やくしゃ》持明女《じみょうにょ》（使者）／271　薬叉持明／272　薬叉持明女（使者）

薬叉はもと暴虐な夜叉だったというが今は毘沙門天の眷属。仏を護る八部衆の一。両側に使者を従える。

273　増長天《ぞうちょうてん》／274　増長天使者《ししゃ》

四天王の一。南方を守護する尊で、須弥山中腹の瑠璃山に住す。自他の威徳を増上し、万能の徳があるという。使者は、やや魁偉《かいい》な風貌。

275　難陀龍王《なんだりゅうおう》

八大龍王の首座。水天の眷属。

276　烏波難陀龍王《うばなんだりゅうおう》（跋《ばつ》難陀龍王）

難陀龍王の弟。恐ろしい頭髪をしているが、慈雨を降らすを本誓とする。

277.278.　阿修羅《あしゅら》

天部の中でも最も暴悪な神々。天部の主・帝釈天に戦を挑み、その時、天地に悪がはびこるという。八部衆の一。　（昭61・3）

○

よく「仏教は死んだ人の面倒はよく見て下さるが、生きている私達も救っていただきたい」と言う人がいる。

救って欲しいと思っている人はまだその可能性を期待しているわけだが、「宗教による救済は現代にあっては不可能だ」と断言する人もいる。

この場合、「救って欲しい」というのが単に自分の現世利益（主に物質的な面での）を言っているのなら大して問題ではない。宗教に対してのこのような心得違いの「救済願望」ではなく、生きている間つきまとう生・老・病・死の苦悩、人間不信や精神の不安等の苦悩に対して「救済」を求めているわけで、それに応え得るかを問うているのであろう。

私は、生きている人を苦悩の中から救えなければ、それは宗教と言えるかどうか大いに疑問を持つ。現代において、宗教で救済するということは極めて困難なことと思うが、たとえ完全に救えないにしても、仏教（他の宗教も含めて）が常に悩める人々と共にあり、せめて痛みを分かち合う姿勢が示される時、そこに人々は光を見るのではないだろうか。

この数年、本誌（大法輪）上においても、「豊かな日本人の心の貧困」が、識者により、しばしば取り上げられている。確かに、日々のニュース等では、暗然たる思いをさせられるような出来事が次々に報じられている。時には、「これが人間のやることか？」「これでも人間か？」と人間不信に陥ってしまいそうな経験をされた方も多いだろう。

こういう現代の突出的な事件に人々を追い込むのは、しばしば過剰な「欲望」と「迷妄」である。それは私達も等しく内に持ってい

水牛にまたがる焔摩天（左は黒闇天女）

る。ただ私が自制していられるのは、「人間ならそんなことをしないはずだ！」ということを、誰かに教えられた経験があるだけのことである。他の人々もおそらくそうであろう。

この過剰な欲望や迷妄を煩悩といい、人類の不変の問題として、特に仏教で説き続けてきたのではないか。

生まれる前からの悪人は居ない。一人に一つずつ与えられた生命の大切さ、人間同士の思いやりの大切さ、正しい心の持ち方を、身を挺して人々に伝えるのが現代の宗教者の役目ではなかろうか。その実践の中に人々は「救い」を見出し、過剰な欲望や迷妄に支配されない金剛心を自ら養うことになるのではないか。

不幸にして煩悩に狂った人々は、おそらく自分の身辺に心から正しく指導助言してくれる人を見出せなかったのだろう。罪を憎んで人を憎まず。そういう行動に走らせた社会の一員として、全ての人が責任を感じなければ、全ての人が「救われる」ことはない。

仏教の教えでは、生前の行為の結果で六道（界）に生まれ変わるという。地獄道や餓鬼道に陥った者は、考えてみれば哀れである。生前に闇を見て、死後にも闇を見なければならない。

胎蔵曼荼羅・最外院の南側下半分は、この闇の世界が描いてあった。

私は亡者達を描きながら、どうしても私達の住む現代の社会を照射せねばならず、改めて仏教とは何かを問い直し、私の曼荼羅は何の為に描いているのかを見つめ直し、「フーッ」と重い溜息をついたのであった。

さて、気を取り直して、その地獄巡りをしてみよう。

「この世と地獄の間には、闇穴道《あんけつどう》という路《みち》があって、そこは年中暗い空に、氷のように冷たい風がぴゅうぴゅう吹き荒《すさ》んでいるのです。杜子春はその風に吹かれながら、暫くは唯木の葉のように、空を漂って行きましたが、やがて森羅《しんら》殿という額の懸った立派な御殿の前へ出ました。御殿の前にいた大勢の鬼達は、杜子春の姿を見るや否や、すぐにそのまわりを取り捲いて、階《きざはし》の前へ引き据《す》えました。階の上には一人の王様が、まっ黒な袍《きもの》に金の冠をかぶって、いかめしくあたりを睨《にら》んでいます。これは兼ねて噂に聞いた閻魔大王に違いありません。」

断る迄もなく、芥川竜之介作「杜子春」の中の地獄に至る描写である。この作は、大正９年『赤い鳥』７月号に発表された。童話としては内容が重く、深く、私の好きな作品である。

前述のように人は生前の行為により、六道（天・人間・修羅・畜生・餓鬼・地獄）に生まれ変わるという。

この中で餓鬼道は、生前に福徳の無かった人々が陥り、常に飢えと渇きに苦しみ、たとえ食物を与えられても、それが火を吹いて食べられないという。また地獄は、生前さらにいろいろな罪を重ねた者が陥るところで、「剣に胸を貫かれるやら、焔に顔を焼かれるやら、舌を抜かれるやら皮を剝《は》がれるやら、鉄の杵《きね》に搗《つ》かれるやら、油の鍋に煮られるやら、毒蛇に脳味噌を吸われるやら、熊鷹に眼を食われるやら……」（杜子春）の罰を受けなければならない。共に、光の届かない深い地の底にあり、死者達は闇の中をあちらこちらに追い立てられながら苦しみを嘗《な》めている。

この苦しさに喘《あえ》いでいる人々を助けに来て下さるのが地蔵菩薩であることは、前に述べた。（地蔵院）

もっと詳しくこの絶望的な光景をご覧になりたい方は、源信の『往生要集』を読み、さらに鎌倉時代初期の絵巻物「餓鬼草紙《がきぞうし》」や「地獄草紙」に目を通されるが良い。

餓鬼道には餓鬼・夜叉・羅刹等の鬼が住み、地獄には鬼の獄卒・亡者達が住み、それら全てを統率しているのが冥界の王・閻魔大王である。

279　焔摩天《えんまてん》（焔摩羅王《らおう》・閻魔王・死王）

もともとは夜摩《やま》天というバラモンの神。『リグ・ヴェーダ』の中で人類の祖とされ、死者第一号となり、天に死者の楽園を作り、その王であったという。その後、仏教においては天界に往む神としての一面と、冥界の王としての二つの面を合わせ持つようになった。

曼荼羅の中では（特に空海請来の曼荼羅の中では）余り醜悪にならないように配慮がされ、王としての気品を持たせてある。水牛にまたがり、人頭杖を持つ。冠をかぶり、法服をつけたお馴染みの姿は、中国で出来上がったもの。「こんなにぞくぞく大勢の者を送り込まれては、忙しくてやり切れんぞ」閻魔さんも困っているようだ。

280　黒闇天女《こくあんてんにょ》

閻魔大王の傍に居り、亡者達の生前の行ないを聞き、善い行ないを書き記し報告するのがこの天女の役。姿・形が吉祥天女に似て大変美しいという。

281　太山府君《たいせんぶくん》／282　鬼衆《きしゅう》（亡者）

悪事を調べるのが閻魔の息・太山府君。鬼はその前で畏《かしこま》っている。もともとは中国太山の神。

太山「こんなに悪いことばかりしてたのか？　仕方のない奴じゃ」

鬼「どうも済みません。今から何とかなりませんでしょうか？」

太山「駄目！　駄目！」

こうならないよう、お互いにご用心。

283　奪一切人命《だついつさいにんみよう》

焔摩天の眷属。一切の人間の命を奪う死神。

284.285　毘舎遮《びしやしや》（鬼衆女《きしゆうによ》）／286.287.288.289.290.291　毘舎遮（鬼衆）

いずれも餓鬼達。顚狂鬼《てんきようき》・噉精気《たんせいき》・噉人精気鬼《たんじんせいきき》とも言う。人肉を食い、血をすすって飢えを凌ぐ。生前もこういう姿で他人の血肉を食べていたのかもしれない。私はこれらの図像を描きながら、太古の昔、本当に共食いを行なっていた人間の姿を思い浮かべた。無明の闇。この姿の拡大された現象を、現代の私達は戦争という形で再現している。人間の業の深さ…… 餓鬼達はお互いに会話ができない。口を、食うことのためにしか使えないから。

292.293.294　荼吉尼《だきに》（拏吉尼）

大黒天に属する夜叉神。六ヶ月前に人の死を知り、すぐに、その人の人黄（心臓）を食い殺したという。仏に諭され改心したが、飢えを凌ぐためには人肉を食わねばならず、仏はこれを哀れみ、死んだ人の血肉に限って食うことを許された。また、死体を暴悪な羅刹達に先取りされないように、特別に真言を教えられたという。曲《きよく》刀《とう》を持つ。

295　死鬼《しき》（臥鬼《がき》）

亡者。もうすっかり観念している。

296.297.298.299　歩多鬼衆《ぶたきしゆう》（成就持明仙《じようじゆじみようせん》）

歩多は臭穢で人畜を害する夜叉。餓鬼の類である。しかし皮袋に妙薬を持し、成就の効験大であったという。

300　摩尼阿修羅《まにあしゆら》／301.302　摩尼阿修羅眷属《けんぞく》

詳しいことは解らないが、阿修羅の類であろう。阿修羅は気分屋で暴悪。天神とは呼ばれず、非天という。しばしば暴れて、神々に戦いを挑む。修羅道に住む。

303　阿修羅《あしゆら》／304.305　阿修羅眷属《けんぞく》（説明は省略）

306.307　迦楼羅《かるら》（金翅鳥《こんじちよう》・妙翅鳥《みようじちよう》）

竜を食う大鳥。八部衆の一。毒・煩悩・一切の魔障を食い尽くし、一切衆生に利益するという。

308　鳩槃荼《くはんだ》（女）／309　鳩槃荼（男）

増長天の眷属。人の精気を喰う鬼。男は鉢、女は太鼓で合奏。曲名は果たして何というのだろうか。

310　羅刹童《らせつどう》／311　羅刹童女《によ》

羅刹は暴悪な鬼。人肉を喰う。童子とはいえ決して油断はできない。

曼荼羅の制作に携わって三度目の春を迎ええようとしている。仕事の方は、金剛界九会《くえ》の中の六会程のデッサンが終わった。しかし最初の予定より大分遅れている。先日、仏教文化センターのＯさんが、「この間、観蔵院のご住職にお会いしたら、待ちくたびれてアクビをしておられましたよ」と言われた。

私は「否《いや》、あの方に限ってそんなはずはありません！」と強く否定したが、内心冷汗タラタラで、根気強く完成を待っていて下さる関係者の方々に改めて感謝したのである。　（昭61・4）

◆西方

今回ご紹介する図像の中にも、水牛、猪、兎、蝎《さそり》、蛇が登場するが、よく注意してみると、曼荼羅の中には実に沢山の動物達が描かれている。

それらの動物達を大きく分類してまとめてみると、次のようになる。

①実在する動物

　獣類——象、馬、羊、牛、水牛、猪、兎、獅子、鹿。

　鳥・他の類——孔雀《くじやく》、鵞鳥《がちよう》、魚、蛇、蝎《さそり》、蟹《かに》、貝。

②架空の動物（経典の中に説かれた想像上の動物達）

　迦楼羅《かるら》、烏（３本足の）、摩竭《まかつ》。

外に見落としたものもあるかも知れないが、これらがそのままの姿で、または獣（鳥）頭人身の姿で神格化されたり、あるいは仏・菩薩・神々の従属物として登場している。

神々と人間と動物達。神々はもとより人間以上の力を持っておられる。しかし動物は知恵と能力において人間に劣るとされている。

ところが現存する動物達は、どの種も、素晴らしい特殊な能力を備えていて、中には人間に畏敬の念を起こさせるものもいる。

獅子は力と威厳にあふれた百獣の王として尊敬され、象は賢く偉大な力の持主として親しまれ、また孔雀は姿美しく、毒蛇をも喰う超能力を持つ霊鳥として神聖視された。

インドでは、人間が動物に生まれ変わり、逆に動物もまた人間に生まれ変わるという輪廻転生説がある。神々と人間と動物の関係は、多種多様な動物が生息しているという条件と合わせて、より深く密接なものであったと思われる。

さて、曼荼羅の中の動物をどう表現するか。それが私に与えられた課題である。

曼荼羅に登場する主な動物達

過去の図像を見ても、その表現方法はまちまちである。インド、中国を経て日本に至る迄に、地理的な、また歴史的な背景をもとに、それらは興味深く形象化されている。

私が作図の典拠としている「高雄曼荼羅」は空海請来の曼荼羅の写しと言われるが、もちろん請来本は中国の画工により描かれたものである。その表現方法は、他の伝来された曼荼羅よりかなり写実的であり、従って動物達も精一杯、説明的に描かれている。しかしよく見ると、当時の中国で目にすることのできた動物と想像で描いたと思われる動物の違いがあって面白い。例を挙げると、象は実物を見られたが獅子はどうも怪しい。孔雀もいささか怪しい。今日私達はそのどちらをも動物園で見ることができて有難いのだが、次にまた疑問が起こる。どこ迄、写実的に描くかということである。

ご存知のように、仏画や仏像の仏様達は、崇高さを強調するために独特の形をしていて、それは生身の人間とは大きな隔たりがある。

もし象を写真みたいに生々しく描いたとすれば、その上に乗せる仏様もより人間らしく、生身の血肉をもった油ぎった姿に描かねばならないことになり、下手をするとグロテスクこの上ないものになる訳である。

だから動物達を描くのに、その動物達の特徴は生かしながら少し変形し、理想化して描く必要がある。写実であって写実でない、これが難しい。

曼荼羅の中の動物達のいくつかは、私は前にスケッチした経験があった。中には想像で描けるものもある。しかし、曼荼羅の中に最も頻繁に登場する象と蛇、これはスケッチしたことも無かったし、どうしても想像で描けない動物であった。折も折、私は象に乗った普賢菩薩を描く必要があったのである。

親切な友人Tさんの車で、私は多摩動物園に象のスケッチに出掛けた。

象――この奇妙に鼻の長い不思議な動物、首が短く、足は太い4本の柱である。

案に反して、この動物のよく動くこと。首が短いから、横を向く時や後ろを向く時、身体全部が動く。鼻が長い分、スケッチするのに手間取る。目尻に何本も皺《しわ》のよった睫《まつげ》の長い目。歯の無い口。この生まれながらの老人は優しい相をしていた。

「蛇――長すぎる！」とルナール（フランスの作家）は一言で言い尽くした。しかし私は「それに、静かすぎる」とつけ加えたい。私の家の周りでも、よく出没して私を脅かす。何回見ても親しみを持てない可哀そうな嫌われ者。

もし蛇が、今の長さの5分の1程で、カナリヤのように良い声で鳴きでもしたら、もっと人々に愛され、毒さえなければ子供の玩具にでもしようものを。

頭で解っているはずのあの単純な形の蛇が、どうしても描けないのである。

頭部の目と口の位置、上顎・下顎の組み合わせ、胴のうねりなど、どうなっているのか。それで仕方なくスケッチ。

モデルになってくれそうな親しい蛇の知り合いもいないので、散歩の途中で宿命的に出遇った2尺ほどのシマ蛇の頭を、そばに落ちていた竹の棒でやさしく叩いて気絶させ、大急ぎで家にとって返し、スケッチ・ブックを持ち出した。

蛇は目を開けたまま、昏々《こんこん》と眠っている。こんなに間近でよく見たのは初めて。見れば見るほど気色が悪いが、私が目をつぶったのではスケッチにならない。何の因果でこんなものを描かねばならないのかと、我身の宿業を嘆きつつ鉛筆を走らせる。

しかしスケッチをするにつれて、頭の中で一応の整理ができ、想像でも描けそうになってきた。曼荼羅の中のはコブラだろうから、もう少し、凄みを出さなければなるまい。

1時間ほどすると蛇も正気づいたのであろうか、左右に小首をかしげ、恥ずかしげに身をくねらせながら近くの叢《くさむら》へ姿を消した。「一期《ご》一会《え》」。

曼荼羅の中に動物達がいなかったら寂しいものになるだろう。それらは神々を楽しませ、私達を喜ばせる。

日本人と動物達も、昔から密接な関係にあったことは、平安朝の説話文学に数多くの材料を提供していることなどからよく解る。

これは最近私が村の人に聞いた話である。この一帯の農村でも、永らく牛馬が人と労苦を共にして田畑を耕したものらしい。飼主にとっては、おそらく家族同様に愛《いとお》しく、また頼りにし、大切にしたに違いない。

私の村からさらに深く山奥に入ったところに、「牛が沢」と呼ばれる山間《あい》の地があるという。永年、人々と労働を共にした牛達が年を取り、いよいよ動けなくなってくると、村の人達は「牛が沢」へ牛を索《ひ》いて行き、別れを惜しみつつ、そこへ牛を放したそうだ。

自分達のためにたっぷり汗水を流してくれた牛の最期を、せめて牛の好きなようにさせて死なせてやったのだという。村人の話だと「今でも牛の骨がある……」とのことである。

私は「良《い》い話だなあ！」と感心し、思わず胸が熱くなった。

馬は？　馬は死後、馬頭観音に優しく迎えられ、牛に負けずに幸

せになった そうな!?

さて今回の図像、最外院西側の諸尊。

312　涅哩底王《ねいりちおう》（羅刹天《らせつてん》）

餓鬼道に住する悪鬼の総大将。この天の喜ぶ時は随う鬼達も大人しいが、この天の瞋《いか》る時は鬼どもは狂乱し、人間を噉《くら》うという。

313.314　羅刹女《らせつにょ》

羅刹天にかしずく侍女達。しかし性暴悪。人を噉う。

315　大自在天《だいじざいてん》（摩醯首羅《まけいしゅら》）／316　大自在天妃（烏摩妃《きうまき》）

三千世界の主として自在也という。一切衆生の願望を成就するという。もともとはインドのシヴァ神。後、仏教の護法神となった。烏摩妃は后。

次に焔摩天の眷属の七母天《しちもてん》（もともとヒンドゥー教の神々達）が並ぶ。

317　梵天女《ぼんてんにょ》（大梵明妃《だいぼんめいき》）

梵天の妃。その定徳を主《つかさど》る。

318　帝 釈 女《たいしゃくにょ》（印捺里《いんだり》）

帝釈天の女。

319　鳩摩利《くまり》（嬌未離《こうまり》）

鳩摩羅の妃。

320　遮文荼《しゃもんだ》

猪頭人身で焔摩天の后である七母天の筆頭。これでも女尊。

次の２尊の名称は、学者により異説のあることを記しておく。

321　摩拏赦《まどしゃ》（女）／322　摩拏赦（男）

世界一切人衆といい、薬叉族に属す。摩拏赦は人、または人類の意。三悪趣を離れて人間界に生まれようと希望するものにアピールしている。

次に九曜、十二宮（星座）、二十八宿の星々が並ぶ。例によって『宿曜経』の中から興味のある箇所を掲げる。

323　水曜《すいよう》（星辰星《せいしんせい》）

「この日は、入学し、師長に事《つか》へ、功技能を学び、城を攻《せ》むるに宜《よろ》し」

324　土曜《どよう》

「其の日園圃を修め、田地を買売し、口馬を買うに宜し……此の日、日月蝕し及び地動すれば世界安からず」

325　月曜《げつよう》（月精《げつせい》）

「奴婢《ぬひ》逃走すれば捉え得難く、囚繋《けい》の者は出づること遅し、殺生に宜しからず……」

326　秤 宮《ひょうくう》（天 秤 宮《てんびょうぐう》）

「法として心 直《こころなお》く平正に信敬し多財なるべし、庫蔵を司るの任に合す」

327　蝎 虫 宮《かつちゅうくう》（天蝎宮《てんかつぐう》）

「若し人生まれて此の宮に属すれば、法として病饒《おお》く薄相悪心にして妬忌を事とすべし、病患を掌る任に合す」

328　弓 宮《きゅうくう》（人馬宮《じんばぐう》）

「慶を喜び、財を得る事を 主《つかさど》 る。若し人生まれて、この宮に属すれば、法として計策多く、心謀足るべし、将相を掌る任に合す」

329　女 宿《じょしゅく》

この当日は「技能を学び、耳を穿ち、髪を理《おさ》め、按摩《あんま》するに並びに吉なり。初めて新衣を著するに宜しからず。或はこれに因りて死を致す」

330　牛宿《ごしゅく》

「この宿に生まるる人は、法として福徳ありて所作求めざるに合す」

331　斗宿《としゅく》

「新衣を著し及び安久の市に宜し。蔵を置き園林を修理し、車輿《しゃよ》等の乗載の物を造り、田宅城邑福寺舎等を営み……」

332　尾宿《びしゅく》

「沐浴し、厭呪し、宅を置き、樹を種え、薬を合し、阿伽陀薬を散するに宜し。並びに入檀に吉なり」

333　箕宿《きしゅく》

「此の宿に生まるる人は、法として江山に遊渉し、私潤を経営し、人と為り辛苦に耐え、柱を立つること婦女に婬逸することを好み……」

334　房 宿《ぼうしゅく》

「婚姻を交え、長慶吉祥の事に宜し。及び戒律を受け、檀に入り灌頂を受け、仙道を修し……に吉なり」

335　心 宿《しんしゅく》

「王者所須の事を作すに宜し。兼て服を厳《かざ》るに宜し……」

336　水天眷属《すいてんけんぞく》／337　水天

水天は諸龍王の主。蛇類が水辺を好むによるか。水に自由自在の力を持つ。降雨を自在とし、請雨の祈りの対象となる。眷属はその侍者。

338　難陀龍王《なんだりゆうおう》／339　烏波《うば》難陀龍王（跋《ばつ》難陀龍王）／340　対面天《たいめんてん》／341　難破天《なんばてん》

難陀と跋難陀は龍の兄弟。他の２尊と共に、華瓶を祀った西門を守る。（昭61・5）

○

曼荼羅を日本へ運んだ遣唐使船は、海を司《つかさど》る水神（天）や風を司る風神（天）に大いに翻弄されたらしい。最澄と空海が延暦23年（804）に入唐した時も大暴風雨に遭って苦労したことが知られるが、次に承和５年（838）慈覚大師円仁が渡海した時も、ただごとではなかったことを、『入唐求法巡礼行記』が生々しく伝えている。

円仁によるこの書は『東方見聞録』や『大唐西域記』に比肩し得る克明・正確な旅行記として著名なものであるが、曼荼羅の制作に取り組んでいる私にとっては、その中に記載されている神々への航海安全の祈願の情景や、彼地での曼荼羅制作の経過等、興味のつきないものである。

出発は「承和五年六月十三日、午時（12時)、第一・第四両舶の諸使は舶《おおふね》（渡海用の大船）に駕《が》せり。順風なきに縁《よ》りて、停泊すること三箇日」「十七日、夜半、嵐風を得、帆を上げて艫《とも》を揺《ゆるが》して行く」

風と共に去ったのである。まずまずは順風に恵まれ、大海原を運を天に任せて進む。

「廿四日、（遣唐の）大使は始めて観音菩薩を描き、請益《しようやく》・留学《るがく》の法師は相共に読経して誓祈（誓願）す」

一行の中に粟田家継等３名程の画家も含まれていて、彼等が画像を描き、僧達（相当数いたようである）が航海の安全を祈願したのであろう。

ところがである。

「廿八日、爰《ここ》に東風は切《しき》りに扇《あお》ぎ、涛波は高くて猛し。船舶は卒然趁《はし》って海渚《かいしよ》（浅瀬）に昇る。乍《たちま》ち驚いて帆を落すに、柁角《だかく》（舵《かじ》）は摧折《さいせつ》すること再度なり。東西の波は互いに衝《つ》いて舶を傾け、柂葉《だよう》（舵《かじ》の板）は海底に着して舶の艫《とも》（船の後部）は将《まさ》に破れんとす。

仍《よ》って桅《き》（帆柱）を截《き》り、柂（舵）を棄《す》つ。舶は即ち濤《おおなみ》に随って漂蕩《ひようとう》（漂流するまま）す。東波来たれば船は西に傾き、西波来たれば東に側《そばだ》つ。船上を（波が）洗い流すこと、勝《あ》げて計《かぞ》うべからず。船上の一衆（一同)、仏神に憑帰《ひようき》（頼りたのむ）して誓祈せざるなし。人々は謀《ちよう》（手段）を失う。（大）使（船）頭以下水手《かこ》に至るまで、裸身にして褌《ふんどし》を緊逼《きんひつ》（しめなおす）す。船は将に中絶（中央から断絶）せんとし、（人々は）遷《うつ》って艫《とも》（後部）・舳《へさき》（前部）に走り、各《それぞれ》（安）全所を覓《もと》む。結構《ふなべり》の会《あわせめ》は瀾《おおなみ》に衝《つ》かれ、為に、咸《ことごとく》皆差脱したれば左右の欄端（手すりの端）に縄を結んで把牽《はけん》（つかまる）し、競《きそ》うて活途《かつと》を求む」

それでも人々は、仏法を、大陸文化を求めてひるまなかった。

さまざまな障碍を乗りこえて、円仁は五台山を巡り、承和７年（840）８月22日に都・長安に至る。そして、かつて空海も学んだ青龍寺で密教を学ぶ。

同年の「十二月廿二日、永昌坊の（画家）王恵をして始めて金剛界大曼荼羅四副（幅）を画かしむ」

翌、承和８年（841）の「二月八日、金剛界曼荼羅幀《とう》を画き了《おわ》る」

こうして４枚の金剛界曼荼羅を描かせたと見て良いだろう。

制作期間から見て、大曼荼羅４枚とはかなりの人数で急ぎの仕事となったことだろう。

同年（841）「四月十三日、画工王恵を喚《よ》び、胎蔵幀《とう》を描く功録（画料）を商量（協議）す」

「十五日、晩間、(画)博士（王）恵来たり。(曼荼羅）幀を描く功録は同じく量り定め了《おわ》れり。五十貫銭にて五副の幀を作る」

「廿八日、始めて胎蔵界を描く」

「卅日、黄昏（夕刻）金剛界九会《くえ》曼荼羅を描く功録を商量し定む。画絹を除く外六千文（六貫銭）なり」

青龍寺の義真和尚は異国僧の為に人々にはたらきかけ、画絹を46尺贈ってくれた。

それで追加の金剛界は画絹を除くとあるのであろう。

これらの文章を表面的に読むと、金剛界曼荼羅が先に４幅、それに後からもう１枚追加して計５幅、胎蔵曼荼羅が５幅描かれたことになる。

50貫銭（文）が、今日どれ位の額であるのか私には解らないが、大曼荼羅は１幅10貫銭で描かれたようだ。

この両界図が何時完成したかは記していないが、同年（841）８月、帰国の願いを出しているので、その頃にはほぼ完成した（？）ものと思われる。後の注文にも、王恵はかなりの人数の画家達と共に取り組み、急ピッチで仕上げたものと私は推測する。

しかし円仁は、後世に悪名高い武宗の「会昌《かいしよう》の廃仏」を体験した。仏教は迫害され、寺院は破壊され、仏像は毀《こわ》され、経書は焚かれ、僧尼は還俗させられた。円仁達も還俗の上、国外に追放されることになり、それ迄に求めた多くの品物を日本に運ぶのに苦心する。

承和12年（845）４月〜５月「文書、所写の経論、持念の教法、曼荼羅等を装束（旅支度）して、尽《ことごと》く装裹《そうか》（荷造り）し訖《おわ》る。文書兼《およ》び衣服は都《すべ》て四籠《かご》あり。便《すなわ》ち三頭の驢《ろば》を買い、処分の来たるを待つ」

5月15日に長安を立ち、翌承和13年（846）日本に向かう船に乗る迄の間の苦労は、筆舌に尽し難いものであったらしい。

乗船の直前、信頼できる友人に預けておいた荷物についての連絡が入った。

「六月廿九日（友人からの手紙を引用している）胎蔵・金剛両部大曼荼羅の盛色《せいしよく》（極彩色）なるものは、淮南《わいなん》の勅牒《ろくちよう》（淮南の役人の追求）の厳切なるに縁《よ》り已に焚《や》き訖《おわ》れり」と。

かくして曼荼羅は失われたのである。胸中の思いは如何……。

しかし、彼は何もそれ以上語っていない。9月18日上陸し、11月28日から5日間、無事帰国をさせて頂いたことを感謝して、あらゆる仏・神の為に大法要を営んだ。

当時の留学僧達の一途さ、情熱、勇気を思い、今の私の仕事がそれらの人々の志の一端につながる幸せを、しみじみと感じるのである。

さて、今回の私の図像は、最外院西側の残りの諸尊。（引用文は『入唐求法巡礼行記』平凡社・東洋文庫より）

342　広目天《こうもくてん》（醜目天《しゆうもくてん》、毘楼博叉《びるばくしや》）

四天王の一。龍、富単那《ふたんな》等を眷属として西方を守る天。浄天眼《じようてんげん》をもって観察し、悪人を罰し仏心を起こさせるという。

343　水天《すいてん》／344　水天妃《き》／345　水天妃眷属《けんぞく》

水天については先に述べた（181頁）ので省略する。

346　那羅延天《ならえんてん》／347　那羅延天妃《き》（毘紐天女《びちゆうてんによ》）

那羅延天は帝釈天の眷属。大力無双の勧善懲悪の神。供養すれば大神力を得るという。迦楼羅《かるら》に乗り、空中、生死界を自在に飛行する。

348　弁才天《べんざいてん》（妙音天《みようおんてん》、美音天《びおんてん》）

もともとは川の女神。豊饒の神ともされたが、梵天の妃となり、また川のせせらぎの音の優しさから言語や音楽の神ともされた。そのめでたさが福につながるとして、福徳の女神としてもよく尊崇を集めている。

349　鳩摩羅天《くまらてん》

孔雀に乗る。その顔が童子のようなので童子天ともいう。大自在天の子で、韋駄天《いだてん》と同体ともいう。

350　月天《がつてん》／351　月天妃《き》

月天は十二天の一。月を神格化したもの。夜の神にして、月の光のようにやさしく人々に法楽を与えるという。三羽の鵝《がちよう》に乗る。傍にその妃が控える。

352　鼓天《こてん》／353　歌天《かてん》／354　歌天／355　楽天《がくてん》

帝釈天の眷属で八部衆の一、乾闥婆《けんだつば》が並ぶ。共に音楽を司り、酒肉を食わず、香料を食べるので、尋香行ともいう。さぞ妙なる楽の音であろう。

356　風天妃眷属《ふうてんきけんぞく》／357　風天妃／358.359　風天眷属／360　風天

風天は風の神。快い風を送り、人類を援けて万物を育てる善神のはずであるが、時に瞋《いか》り、その時暴風となる。円仁の船の場合は、同乗の者の中に風神の気に入らない悪い心の持主が居たのではなかろうか？ 普段は、迅速無碍に人々を悟りに至らしむる善神でもある。私は胎蔵曼荼羅の下図を、この尊でもって終わった。他は、この神の妃と眷属達。359の童子は友人の娘さん「フミちゃん」をモデルとしたことは前に述べた（167頁）。

私は現在、金剛界曼荼羅の下図を制作中であるが、こうして胎蔵曼荼羅をふり返ってみると、今さらながら尊数の多いのに驚かされる。その度に、右手の中指の先に盛り上がった筆ダコを、親指の先でそっと撫でてやっている。（昭61・6）

◆北方

私は、生死を自覚する人間と、本能のままに生活し、無意識のうちに生滅《しようめつ》をくり返す他の動植物と比較して、さてどちらに生まれた方が幸福であるのか、時々わからなくなることがある。

私達が輪廻転生する六道《ろくどう》は、天・人・修羅・畜生・餓鬼・地獄と順序づけているのだから、動物より人間の方がはるかに幸福なのであろう。一方、人間よりさらに幸福なはずの天（神々）達も今だに輪廻の渦中にいるのだから、必ず寿命の燃え尽きる日が来るはずで、その時はふと人間を羨むことがあるのかもしれない。

「（北欧の）神々の黄昏《たそがれ》」はワーグナー（ドイツの作曲家）により有名になったが、わが曼荼羅の天達は生前には私達に望めない絶大な神通力に恵まれ、常に華やかな世界で幸福に酔いしれて生活しているのであるが、一陣の無常の風が吹いたならば、私達の数倍もの苦痛と悲哀を味わわなければならないというのだから、図像を描きながら私は同情せずにはいられないのである。

私達が生死流転する世界は大きく三界に分けられるという。

①欲界《よくかい》——婬欲・食欲の二欲を有する者達の住むところ。地獄か

ら天（の一部）迄の六道がこれに含まれる。ここに住む天（神）を六欲天という。

②色界《しきかい》――婬欲・食欲の二欲を離れた天達（神々）が住む。ここでは物質・色が殊妙なのでこう称する。色界は悟りの深さによって四禅天に分けられていて、これがさらに十七天に分かれるという。

③無色界《むしきかい》――物質的欲望を厭い離れて四無色定を修めた天達が住む所で、中でも最高の境地に達したのが非想非非想（処）天であり、別名有頂天《うちようてん》・色究竟天《しきくきようてん》という。この天達は、胎蔵曼荼羅東側の最外院に楼閣の中で禅定に入る姿で描かれている（112頁）。

この色界・無色界の境地というものは、私達凡人には想像もできない深い悟入の境地なのだろうが、このように天（神）といえども悟りに段階があり、それによって住む所が異なる。即ち、高い境地に達した天（神）ほど私達の頭上のはるか彼方の天空の宮殿に住まわれるというわけである。

武装した猛々しい四天王像や、空飛ぶ艶美な天人達の姿は超人的で神々しいが、前述のようにその威力が衰えかけると惨めである。『往生要集』によると、例えば帝釈天の治める忉利天《とうりてん》に住む天人の場合、最期が近づくと次のような「五衰《ごすい》の相」が現われるという。

①華の髪飾りが萎れてきて、②羽衣（天衣）が塵や垢で汚れてくる。③腋の下にびっしょり汗をかき、④両眼がしばしばくらんで物が見えなくなり、⑤これ迄美しく楽しかった住居が少しも楽しくなくなってくる。

こうなると仲間の天人達はその者を見捨てて見向きもしなくなる。あの威厳にあふれた帝釈天の姿を拝むこともできないし、浄らかな花々が咲き乱れ、燦然たる宝玉に飾られた善見城ももう見ることもできない。仲間の奏でる妙なる音楽も、もう耳に届かなくなってきた。その悲しみの大きさ。

「天上をしりぞく時は苦しみの大いなるあり、地獄すらこの苦しみの十六（分）の一におよばない」という。因《ちなみ》に天人の寿命は四千年。その一昼夜が人間界の四百年にあたるという。

色界・無色界の天人達もやはり「黄昏」が訪れて、場合によっては、地獄に生まれ変わることもあるというから恐ろしい。如来となって解脱しない限りは、私達は未来永劫にわたって心の安らぐ時はない。

さて、図像の制作にあたっては、どうしてもいろいろな文献にあたらざるを得ないが、さまざまなことを教えられた。現図曼荼羅が形作られる迄の複雑な過程の中で、図像の付加、削除、整理が行なわれた結果、図像が入れ替わり、名称が明らかに違っているということも解った。そのような例が多くの学者達の研究で数例指摘されているが、特に今回掲載の部分に集中して多い。従って、私としても大いに困惑するのであるが、一応従来の慣例の名称をそのまま使用し、研究の結果正しいとされる名称を《　》の中に記したので、読者の方々もご留意いただきたい。このような例は今後の研究で更に増えるに違いない。

しかし、いずれにしてもこの部分には、欲界から色界に至る極めて高い境地にある天（神）達とそれを賛美する楽神達が描かれていて、反対の側に描かれた地獄・餓鬼・修羅道の様相と向かい合っていると思われる。

さて、その図像にふれよう。今回は、最外院北側の諸尊達。

361.362　風天眷属《ふうてんけんぞく》

西北端の風天の眷属の童子。髪型など西域、中国的である。

363　光音天女《こうおんてんによ》／364　光音天《第四静慮処天・色究竟天》／**365　光音天女**

光音天は光浄天・極光浄天ともいう。この天は言語を断ち、語らんとする時は浄らかな光を口から放って言葉に替えるという。

366　大光音天女《だいこうおんてんによ》／367　大光音天《色界第四静慮処天・広果天》／**368　大光音天女**

大光音天は、光音天がより一層神格的威力を増強したものと思われる。

369　兜率天女《とそつてんによ》／370　兜率天《色界第二静慮処天・光音天》／**371　兜率天女**

兜率天は欲界六天の中の一で、この天の内院に将来仏となるべき菩薩が住むという。かつて釈迦が、現在弥勒菩薩が住むという。

372　他化自在天女《たけじざいてんによ》／373　他化自在天／374　他化自在天女

他の人が何か善事をなさんとする時、それを邪魔するのが自分の楽しみとする嫌らしい天魔。居ます、人間の世界にも掃いて捨てるほどに。

375　持鬘天女《じまんてんによ》／376　持鬘天《欲界六天の一・兜率陀天》／**377　持鬘天女**

鬘とは花々を連ねたもの、これをもって、他の天を祝福するか？異説が多い。

378　成就持明仙女《じようじゆじみようせんによ》／379　成就持明仙《欲界六天の一・夜摩天》／**380　成就持明仙女**

成就持明仙と仙女は、いずれも楽神。しかし従来こう称されたのに、それらしい動作をしたり、それにふさわしい楽器等を持たないのも疑問である。ヒンドゥー教で親しまれた妖精ともいう。

381.382.383　摩睺羅迦《まごらか》

仏法護持の八部衆の一。もとは蛇神で宝冠にそのなごりを見る。楽神の類という。

384.385　緊那羅《きんなら》

これも八部衆の一。音楽神。歌神、歌楽神、音楽天といい、共に奏し、歌い、舞うをよくする。古来、宗教と音楽とが深く結び付いていたことを示す。

386　歌天《かてん》／387　楽天《がくてん》／388　歌天

いずれも緊那羅と同じような楽神達。踊りは、かなり動きの激しい胡国の舞いではないかと思われる。

389　帝釈天妃《たいしやくてんき》／390　帝釈天

忉利天《とうりてん》主。須弥山頂上の善見城に住み、四天王や三十二天を統御する。人間を守り、財宝を与え、霊力を授ける施福の神。最外院東方にも描かれている。側にある妃が蓮華でもって供養する。

北門

これで東・西・南・北全ての門が揃ったことになった。現在のサーンチーの門等にその原点を見ることができる。胎蔵曼荼羅を一つの仏国土（壇）と見なしての入口とも見えるし、また法への入口としての象徴性も感じさせる。そこにはいずれも守衛が対峙する。

391　倶肥羅《くびら》／392　倶肥羅女《によ》

倶肥羅は金毘羅《こんぴら》さんのこと。インドの水神で本体は鰐《わに》であるという。水難の神として古来崇められた。琴平の金刀比羅宮《ことひらぐう》は、よく知られる。その天とその后。

393　難陀龍王《なんだりゆうおう》／394　烏波《うば》難陀龍王

龍王の兄弟。既に度々登場した。　（昭61・7）

○

曼荼羅の制作には、白描の下図が決め手となる。繰り返し述べてきたが、私は自分の下図を作るにあたって、古典の模倣から出発し、一尊一尊の特性を調べながら、許されると思う範囲で自分の解釈を付け加えた。そしてその時々の雑感や、尊像についての最小限の説明と出来上がった図像とを掲載させていただいてきたが、ようやく胎蔵曼荼羅については今回で終わりとなる。

私は胎蔵曼荼羅の尊像を全て実物の1.5倍の大きさにデッサンし、それを白描化した。

さらに細かく説明すれば、最外院以外の尊像は一枚の方眼紙に一尊ずつ丁寧に描き込んだ。ただ最外院のみ（と言っても二百数尊もあるが）は、東・西・南・北四つに分けて神々の群像としてデッサンをした。

この方法を採ったのは、どの尊像も疎《おろそ》かにせず、一点一画を大事に描き、仏画としての尊厳さを失わないようにとの気持ちと、私の後で曼荼羅や仏画を描かれる方々に、少しはお役に立つものとなってほしいとの願いがあったからである。

ただ最外院は尊像が余りにも小さいので、むしろ、大日如来や菩薩達を賛美する神々のざわめきが楽しく伝わるように、群像として思い描いたのである。

こうして出来上がった一尊一尊は、今見直してみるとお恥ずかしいものであるが、その時は私の全力を挙げて描いたものであった。

4月27日（日）、28日（月）の2日間は、私の生涯の中でも忘れられない楽しい一コマであった。

実物大（つまり3分の2）に縮小したコピーの尊像を次々に切り抜き、大きな画面のしかるべき位置に貼り付けていったのである。

それ迄2年間ほど空白であったところに、仏・菩薩・明王・独覚・神々達が登壇して来られて、整然としてポーズを取られた。

なる程、これが自分の曼荼羅かと興奮しながら、疲れも忘れて、尊像の位置を間違えないように配慮しなから仕事を続けた。

そして、まあ良くもこんなに沢山描いたものだとつくづく思い、ここまで描かせて下さった何ものかに感謝し、激励して下さった人々に心の中でお礼を申し上げたのである。

明くる4月29日（火）、前からの打ち合せの通り観蔵院の住職・小峰彌彦師ご夫妻、それにこの仕事の仲介の労をとって下さった廣澤隆之師ご夫妻が経過を見に来られた。

最初の予定から仕事がはるかに遅れ、まことに申しわけない次第なのだが、何はともあれ、「こういう図になります」とご報告ができた。

一方の金剛界曼荼羅の方も、丁度鉛筆デッサンが終わった段階であったので、一緒に見ていただいた。

お二人は、「いやー大きいな」、「うん、出来たら立派だろう」と言っておられる。

画室は小高い緑の山々に囲まれているので極めて静かである。空《うつ》木《ぎ》の花が白くぼやけ、鴬の鳴き声だけが遠く近く聞こえている。

さて、最外院・北側の残りの諸尊。

395　毘沙門天《びしやもんてん》（多聞天《たもんてん》）

八方天、四天王の一。国土、有情《うじよう》界を守護し、手にする宝塔から無量の珍宝を取り出し衆生に与え福徳を授けるという。吉祥天を妃とする。

396　成就《じょうじゅ》持明仙《じみょうせん》／397　成就持明仙女《にょ》

成就仙人衆は、もともとは楽天の類。しかし、曼荼羅の表現が変転する中でこれらの像も変容したようである。

次に二十八宿、及び十二宮（星座）、九曜等の星の神々が並ぶ。例によって『宿曜経』中より、その特性を抜粋する。

398　虚宿《きょしゅく》

「この宿に生まるる人は、法として穀足り、貯積多く、命長くして富み勝れ、君主の寵愛を蒙《こうむ》り、又好んで神廟を饗禱《きょうとう》し、終に快楽多きに合す」

399　危宿《きしゅく》

「（前文に同じく）酒を嗜み、婬に耽り、辛苦に耐え、心膽《しんたん》硬く、人と交を結ぶに、必らず久長ならず」

400　室宿《しつしゅく》

「……猛悪を決し、性瞋を嗜み、劫奪を愛し、能く夜行するに怕《おそ》れず。法に処するに軽躁、毒害にして慈悲なきに合す」

401　奎宿《けいしゅく》

「……祖父の産業あり、及び経営することありて、銭財を得るに合す」

402　壁宿《へきしゅく》

「……君主の寵愛を承け、性となり慎密樫澀、男女の愛あり。天神を供養し、亦、布施を好めども多からず」

403　胃宿《いしゅく》

「……膽硬悪にして、性霊は酒に耽り、肉を嗜み、驅策と劫奪と彊暴《きょうぼう》とを愛し、……」どうもあまりよい星の相ではないらしい。

404　婁宿《ろうしゅく》

「……技能多く、疾病少く、好んで医方を解し、性として公務を勤め、志を稟《う》くること慎密なるに合す」

405　少女宮《しょうじょくう》

「妻妾婦人の事を主り、若し人生まれて此の宮に属すれば法として心腹得難く、男女多く践財を足り、高識なるべし。故に宮房を掌る任に合す」

406　蟹宮《かいくう》（螃蟹宮《ぼうかいぐう》）

「官府口舌の事を主る。……悪性欺誑聰明にして短命なるに合す、刑獄訟を掌るに合す」

407　師子宮《ししくう》（獅子宮《ししぐう》）

「若し人生まれて此の宮に属すれば、法として精神足り、富貴孝順なるに合す、軍旅を掌握するの任に合す」

408　金曜《きんよう》

「其の日大人及び諸の官長に見え、頭を洗い新衣冠帯を着、親と成り、婚事を平章にし、交友を結び、朋流に会し官舎を置くに宜し」

409　戦鬼《せんき》

もともとは天地を揺がす震動神であったらしい。日天の眷属の一。

410　毘那耶迦《びなやか》（歓喜天《かんぎてん》、聖天《しょうてん》、象鼻天《ぞうびてん》）

象頭人身の特徴ある尊。もともとは魔性でもって人を誘惑する悪神であったが、後に仏弟子となり、一切善事成就、災禍滅却、人々に富貴を与うる善神となった。手に持つは蘿蔔根《らふくこん》（大根）。

411　摩訶迦羅《まかから》（大黒天《だいこくてん》）

大自在天の化身、伊舎那天の眷属。もともとはヒンドゥー教のシヴァ神とされ破壊的一面があったが、後に寺院の守護、豊饒の神。餓鬼の頭をつかみ、羊角を取り、象皮をかかげる。日本の大黒さんは大国主尊《おおくにぬしのみこと》の発音と同一視され、やがて七福神の一尊となっていった。

412　伊舎那天妃《いしゃなてんき》

伊舎那天は北方を守る猛神。その妃。

外周文様帯《がいしゅうもんようたい》（部分）

一大仏国土を荘厳する繚乱《りょうらん》たる華々。曼荼羅制作の煩わしさは、こういうところにもある。ついでに記せば、あらゆる尊像の衣装にはさらに細かい文様が描き込まれるのであるが、本誌（の白描画）掲載にあたっては省略した（本書では22・50・102・143頁に掲載）。

さて、以上が私の作図した尊の全てであったが、番号をふってみると、かねて伝え聞いていた414尊に少し足りないのである。

私は「高雄曼荼羅」を写した「御室版曼荼羅」をもとにしたのだが、その結果である。

そこで世に知られる「高雄曼荼羅」「伝真言院曼荼羅」「子島曼荼羅」「東寺曼荼羅」等を細かく比較してみると微妙な尊数の違いが見出された。例えば、蓮華部院、金剛手院の２院の中には次のような違いがある。

蓮華部院（主尊21尊は同じ）

伴尊──高雄14尊、伝真言院15尊、子島14尊、東寺15尊

金剛手院（主尊21尊は同じ）

伴尊──高雄11尊、伝真言院11尊、子島８尊、東寺12尊

新居に近い海辺からは東京湾観音が望める

他の院にも微妙な数の違いがある。私は蓮華部院に１尊付け加え16尊としたが、幻の残りの１、２尊と巡り会えるのを楽しみにしつつ、胎蔵曼荼羅の下図の筆をおくことにした。（最終的には412尊とした）

とにかく、胎蔵の下図は以上をもって一応完成したと言ってよい。

今は静かに曼荼羅を眺めよう。

大日如来、阿弥陀如来、釈迦如来、観音菩薩、文殊菩薩、普賢菩薩、弥勒菩薩がおられる。不動明王、降三世明王、地蔵菩薩、虚空蔵菩薩がおられる。

帝釈天、毘沙門天、広目天、焔摩天、日天、月天、弁才天……。

ここにはあらゆる境地に達した仏達がおられる。この中のどこかに私達もいるはずだ。私達一人一人の菩提心に小さな火が点ぜられ、大日如来と一体であるという自覚のもとに修養を積み重ね、心を浄め技を磨き、利他方便につとめて大悲万行の大日如来の御心に近づこうと説く大悲胎蔵生曼荼羅、今私は完成への次の段階に入らねばならない。

（昭61・8）

絵絹への白描から彩色完成まで（平成９年春～13年11月）

1　潮騒と観音と胎蔵曼荼羅と染川

平成９年（1997）春、すぐにも胎蔵曼荼羅と取り組む意欲に燃えていた私は住居兼画室を海辺に移した。金剛界曼荼羅はすでに平成７年秋に完成し、慈雲山曼荼羅寺観蔵院（東京・練馬）の本堂の左側の壁に飾られている。しかし右壁の方はまだ白描（墨線）の下図が掛けられている状態で、額が立派なだけに白々しく物寂しい。金剛界曼荼羅は房総半島の山間の古い農家で制作した。時折訪れてきた山猿達の遊ぶ風景も懐しい。

さて気分一新、胎蔵曼荼羅は自然な流れのご縁に恵まれて、同じ市内のこれはまた海から一軒目という住居兼画室にふさわしい家に引越したのである。口の悪い人は「背水の陣」と言うかもしれない。海から砂浜、さらに小高い防風林の丘、その急斜面の崖の上に建っている。家からは対岸の観音崎灯台が近くに見えて、夕日に赤く染まった海峡を大小のさまざまな船が行き交う。遠くに富士山や三原山……。また海辺に立つと、なだらかな曲線の丘陵の頂に白い東京湾観音が見える。

散歩を兼ねてその丘の麓まで行ってみると驚いた。ほどほどの幅の川が海に流れ込んでいるが、その名前が「染川」。何やら私がこの地へ来ることを前から準備して待っていて下さったのではないかと、仏縁と土地の人々に感謝！

このような環境の中、絶えせぬ潮騒や海鳥の啼き声を聞きながらいよいよ胎蔵曼荼羅に着手することになった。

2　白描への取り組み

新しい部屋で金剛界にも使った木枠を組み立てた。それに観蔵院の小峰和子夫人他数名の同好の士に手伝いを依頼し、吉日を選んで絵絹を貼った。礬水《どうさ》（にじみ止め）や彩色時の縮みを考えて、たっぷり余裕を取りブカブカに貼った。但し縦の糸目は木枠の縦の線に平行に。（『彩色金剛界曼荼羅』参照）

次に確実にタップリと礬水《どうさ》を含ませる。

以上の下準備が終わったらいよいよ白描に入る。まずは外周の紋様帯の一部を描いて絹の調子を見る。合格なら各院の境界（結界《けつかい》）線を、寸法を何回も確かめて鉛筆で描き込み、念入りに墨線に直す。烏口《からすぐち》は薄い絵絹を損傷する恐れがあるので、全てを定規と筆だけで引いた。この仕事は個人の感覚でかなりの差違が出てくるので、人を頼まず全て一人で時間をかけて行った。

こうして仏達の土俵（壇）が出来たので、いよいよ尊像の試し描き。これも万一を期して最外院で試してみた。これもまずは合格。

下図の制作は大日如来から始めて最外院で終わったが、今回は慎重に丁寧に『曼荼羅図典』の記述と照合しながら線描。何しろ墨線は洗っても消えないので描き違い、筆や墨での粗相の無いように祈りながら。

但し一方で、『図典』の記述と私の下図を検討して、場合によってはさらに果敢に改図を行った。例えば「一百八臂金剛蔵王菩薩」の面（顔）数を16→22に、腕の数を96→108にした。また観音院の「窣覩波大吉祥菩薩」の宝冠に標識である仏舎利塔を描いた。

白描が終わった胎蔵曼荼羅（平成10年4月）

その他にも数尊の例があるので、折を見て『図典』等の下図を直すことになろう。いずれにしてもこの彩色版が私の胎蔵曼荼羅の結論である。白描には約1年半余の月日を費やした。

3　彩色の喜びと苦しみ

私の尊像は、同じ大きさの曼荼羅の尊像に比べてかなり細密である。従って線描や彩色が煩雑であるが、拡大されても鑑賞に堪え得るものと信じている。これからは映像の時代、うまく適応できればと願っている。

さて、苦しい線描の後は楽しい彩色、と言うには彩色もこれまたそう楽しさばかりではない。白描が終わった後、この曼荼羅の彩色完成までの手順を考えた。宝冠・瓔珞《ようらく》などの細部の線は細く、上から金泥（箔）などの下塗りの黄土を塗れば線は消えて無くなってしまう。そこで今回は、宝冠《ほうかん》・胸飾《むなかざ》り・瓔珞《ようらく》・釧《せん》・持物《じぶつ》、中台八葉院の括《くく》り、結界の括りの線など金泥・金箔に仕上げる部分は絹（画面）の裏側から着色をした。

このような例は平安の昔からしばしば行われている。これは先の金剛界でも取り入れてある。明暗でなく、線で描きそこに着彩する仏画（以後の日本画全般）では線を大切に大切に残して絵具を塗り、仕上げもそれぞれの質感や必然性に応じて色線でもって描く。

このような黄土の地塗りが終わったら各尊の着色へ。墨による毛髪の明暗、各尊の身体の色を確認しつつの着彩、頭光・身光の色の決定、台座の蓮華の色の決定、衣服の紋様の描き込みと着彩等々、それらの一切を一本の筆に託して一人で描いていった。

白描もそうだが彩色も全て絵の上に(絵に触らないように浮かして）渡した乗板《のりいた》の上での作業である。あまり楽ではない。前に屈み込んでの細かい仕事で根気が要る。これを一日一日と積み重ねていく他は無く、手抜きの方法も知らないではないが私はそれをしない。

一筆一筆に私の良心の全てと祈りを込めて描いた。遅筆ではあるが前進、後退は無い。

曼荼羅にあって一番大切なのは仏の尊容であり、そこには作者の人格と美意識が滲み出る。その仏達を引き立てるのは背景の色（各院の地色）であるが、これ位の大作になるとこの決定がなかなか難しい。どこを明るくどこを暗く、また色相《いろあい》や強弱を配慮して決める。

新鮮な美しさを求めて観蔵院の曼荼羅独自のシンプルな構成を考えた。面積から言えば青（岩絵具の群青《ぐんじょう》）、緑（同緑青《ろくしょう》）、赤（朱《しゅ》）ということになるが、最後に各所に截金《きりかね》（細い金箔の紋様）が施されるので、その効果も配慮する。岩絵具は焼いて暗みを付ける。

次に大切なのは中央の中台八葉院の蓮華の朱色で、いわば胎蔵曼荼羅の顔、花である。

この一葉（弁）を前から予定していた朱色で塗って見ると余りに暗過ぎて幻滅し、あらためて朱色同士を混色して作った。華やかで、清浄でなければならないのだが……。

この朱色と微妙な関係にあるのが最外周文様帯の赤の地色であり、中心の赤、それを取り巻く青、緑の色を決めてから模索した。

この朱色の決定では面白いエピソードがある。微妙に異なる朱色の色見本4枚を作り、それをこの箇所に置き並べておいて、その時居合わせた4人にどの色が良いと思うか言っていただいた。その時全員（もちろん私も）一致で迷わずに同じ朱色を選んだのである。

こうして全体に地色が入った後で尊像を眺めると、また微妙に違って見える。地色に負けないように加筆して色を強めたり引っ込めたり……。

ところで、この胎蔵曼荼羅に着手した時に私が思ったことは、「何が何でもこの作品は20世紀中に完成する」ということであった。

振り返ってみると、昭和59年（1984）の下図着手以来、平成へと年号が変わり、さらに世紀も変わるということで、さすがに私も深く考えることがあったのである。それに何よりもこの永い年月の間、暖かく見守り、一途に完成を待っておられる小峰彌彦住職・和子ご夫妻の心中を察すればなおさらのことであった。

よく考えてみると、かくも時間がかかったのは「全て自分一人で」という私の姿勢が原因である。金剛界は截金まで一人でやり、約8年の歳月を費やした。

ここにおいて私は、この方法を変える決心をしたのである。但し、彩色までは自分の感覚で統一するために一人でやり抜く……。

しかし時間は止まらないで21世紀に突入した。私は少し焦り、何が何でもこの世紀の初年にと再決心して、実現のために計画を立てた。年頭の時点で見ると彩色は必ず夏までかかる。平成13年秋（11月中旬）ぎりぎりの完成を見るには、(1)宝冠・瓔珞などの金泥(粉)の塗布を私の同志達に手伝っていただく、(2)截金《きりかね》は専門の方にお委せして短期間で仕上げていただく。もちろん私も参加する。

この計画以外には考えられない。しかしそのためにはとにかく、彩色を一日も早く完成すること。私は家に居る時は昼夜なく仕事を

截金の中村佳睦氏と握手

した。

冬が過ぎ、春が過ぎ、夏を迎えた。その間さまざまな雑事にも追われたが、私はひたすら仕事をした。残された時間は少ない。

截金の件はずっと気になっていたが、これまた数年来の知人でいつも何かと音信を下さっている大阪在住の仏画家・截金作家の中村佳睦《けいぼく》女史に助力をお願いすることにした。この作家の力量とお人柄を信じてのことである。ご主人である仏像彫刻家・向吉悠睦《むこよしゆうぼく》氏と共に「あさば仏教美術工房」を主宰しておられる。

相談すると、「まずは作品を一目見てから」と５月のある日、はるばる千葉の私宅へ来て下さり、今年入っている仕事のスケジュールを調整して引き受けて下さることになった。

その為に、７月初めに曼荼羅を大阪へ運ぶことも決まった。

６月の１日から30日までの１ヵ月間は、私が数年来お教えしている仏画同好の人達、小峰夫人を含む５名の女性達が入れ替り来宅。絵の上に渡された２組の乗板《のりいた》上から宝冠などへ金泥を塗り、さらにそれを瑪瑙《めのう》などで磨いて光沢を出す根の要る仕事。それを朝９時から夕方６時半頃までビッシリやって下さった。細い線を残し、または描き直して金泥を塗り込む。一尊ごとに細部までアップにされても堪えられて、形の厳格さ端整さを無くさないことという私の要求に、皆さん本当によく応えて下さった。連日ホテル住いということもあり、さぞ疲れたことと思う。感謝感謝！

一方私は、その間もずっと彩色に専心。予定では７月９日(月)に表具屋さん達が来て、裏打ちをすることになっている。描いても描いても終わらないので、さすがの私もとうとう絵を描くのが嫌いになってきた。

７月９日早朝、表具の井澤清泰氏他３名、額の渡辺可昌氏達が元気よく到着。早速手際よく仕事が始まる。１日目は絵具の定着作業、第１回目の裏打、２日目は２回目の裏打ち、運送用のパネルへの作品の貼り替え。

天候にも恵まれて乾きもよく、全ての作業に皆さんの経験が生かされて、慎重に丁寧に確実に予定通りに行程が終わった。

私の家から車の所までは狭い山道だが、絵の運搬のことを考えて邪魔になりそうな木の枝を隣家のご主人が払ってくれていた。細かい心配りにただ感謝！

７月10日夕方５時、４年３ヵ月ほど私の手元にあった胎蔵曼荼羅の大きなパネルは、みなさんに担がれてアトリエを出て行った。

もう再びここに帰って来ることはない。安全を確認して箱型の荷台の中に納める。

絵は７月12日(木)早朝この地を出発、額屋さんのトラックで大阪へ。私も午前中の大正大学の講義を終えて彼地へ。

13日朝、前夜無事届いた曼荼羅を「あさば工房」の２階にあるパネルに貼り替える作業が行われた。これもまずは無事修了。皆様ともどもホッと安堵の吐息を漏らした。

4　截金《きりがね》から彩色の完成へ

しかし、この時点でも彩色の仕事がまだ残っていた。特に曼荼羅の最外周を飾る文様帯の花々に、下塗りが終わったばかりで描き込み不足、白々としている。また私自身が金箔を施す予定の中台八葉院諸尊の頭光・身光の光焔、各院の華瓶などはまだ下塗りの色がむき出しになっている。それに、天部の３分の１程の尊の宝冠や瓔珞《ようらく》に金泥の塗彩が残っていた。昨年から今年にかけて、絵に取り憑かれた画鬼のごとく、また色気に飢えた阿修羅のように、絵に渡した乗板《のりいた》に坐って仏を描きまくったのであるが、恥ずかしながらそのような状態だった。

そこで佳睦氏にもご了解をいただいて、工房のアトリエで彩色や箔の仕事をすることにした。いよいよ追い詰められての苦肉の策である。照明具まで含む画の用具、筆、絵具一切を送って準備し、かくして私は難波の画家となった。

７月26日㈭～８月11日㈯、朝、ホテルで膠《にかわ》を煮て出勤。途中コンビニで昼食のおにぎりを買い求めて、工房に９時半頃入る。工房では、彫刻・彩色・截金を専門とする若い職人さん達と一緒に仕事をする。仏に関する仕事をしている10数名の若者達は、皆さん真面目で礼儀正しい。時を忘れて、終日真剣に仕事に取り組んでいて、「押しかけ画家」の私を感嘆させた。こういう若者達が伝統を引き継ぎ、やがて立派な職人さんになるのであろう。

その若者達を指導しながら、悠睦・佳睦両氏も仕事に励んでおられた。それに、８月末には悠睦氏の東京「三越」での個展が企画されていて、公私共に忙しい最中のこと。

私は乗板《のりいた》の上で終日仕事、夕方７時前に退去。この夏は晴天が続き、うだるような暑さであったはずだが、一日中部屋の中に居たので、暑さ知らずのままに終わった。

その間に截金の仕事について佳睦氏と細かい打合せ。私の下図をもとに、諸尊の間にびっしりと貼り巡らされた金箔による羅綱《らもう》の線

徹夜に及んだ最後の仕上げ

の太さ、文様の形、密度などについてお互いに確認。

同氏による丁寧な試作をもとにしての意見交換であったので、実にスムーズに一致を見た。その結果、各院の升目《ますめ》はさらに小さくなり、縦線と横線の交点が多くなり、そこに置かれる８本の菱《ひし》の数も、私の下図に描かれた数よりはるかに増えて、その分、截金の仕事の量が多くなったことになる。それらは、佳睦氏の仕事に対する熱意と完璧さを求める美意識から決定された。

かくして截金の仕事も始められて、私の仕事と佳睦氏や工房のスタッフの手になる截金が同時進行した。

次に截金について述べる。

薄く脆い金箔を５、６枚貼り合わせて厚味を付け、鹿皮の台の上で、目測で太さ（細さ）を決めて竹刀《ちくとう》で截《き》る。こうして金箔の細い線が出来る。その線をカッターで斜めに切れば菱が出来る。こうして出来た線と菱を、膠《にかわ》と布海苔《ふのり》を交ぜた接着剤で、左右の手に１本ずつ持った小筆を操りながら画の上に貼り付ける。

この作業が乗板の上に坐って、また腹這いになって終日行われる。線を一本一本貼り、菱を一つ一つ拾って貼る。根の要る繊細な仕事で、肩が張り、金箔の光のために目も疲れる。ある日の夕刻６時、絵の上から頭を上げて壁の時計を見上げた若い女性スタッフＩさんの、ドローンとした腫《は》れぼったい目……。

私は10月４日㈭～８日㈪、大阪で再度の仕事。その時点で截金も一段と進み、画面は金箔に映えていた。それ以後の月末まで、師弟５人で誠実に仕事に打ち込んで下さり、ついに截金が完成したのである。佳睦氏他スタッフの皆様、本当にご苦労さまでした。

絵は11月１日㈭、大阪から観蔵院本堂に運び込まれた。確認のため佳睦氏も上京。私達はガッチリと握手。「有難う！」

しかし、私にはまだ彩色と箔の仕事が残っていたのである。

11月５日㈪から18日㈰まで、私は東京でホテル住まい。終日本堂で筆を執り、18年に及ぶ曼荼羅制作に最後の努力をした。

色の塗り足りない箇所、そのうちにやらねばとこの時まで放置されていた部分、彩色・線描の抜けていたもの、周囲の截金に対して弱々しく見え始めた色への加筆補色、金泥を金箔に置き換える作業等々、切《き》りが無い程やらなければならないことがあったのである。

本堂の外は、いよいよ深まりつつある晩秋の装い。みずきや楓の紅葉、銀杏や白樺の黄葉、微風に揺らぐ白い尾花、夥しい桜や朴の落葉……。その中を精一杯楽しんでいるかのように賑やかな鳥達の啼き声、鵯・烏・山鳩・目白・四十雀……。

そのような穏やかな秋の気配を耳で感じながら、私は肌寒い、否、時には冷たい本堂の中でひたすら仕事仕事。

毎朝本堂の入口に、膠・きれいな水を張った筆洗・絵皿等が置かれてある。全て和子夫人のご配慮で、私は直ぐに仕事に取り掛かる。有難さが身にしみた。

画筆を握りながらも、私の頭の中では残りの日程のことがいつも気になっていた。今後の予定では、11月19日、20日が画集の為の撮影、21日は本堂右壁への飾り付け、同午後から22日は仏画展示場設営、そして23日が開眼公開。こんなに切羽詰まってまだ筆を持ち、額に（脇の下に）汗をかいている私……自分の非才非力に歯ぎしりをして呻いた。そして何故こんなに苦しい生き方をするのか自分に問うた。もっと楽しく、のんびり、心穏やかに絵が描けないものだろうか？

否、私にたとえ仮に出来たとしても私自身がそれを許さず、私が私を侮蔑し忌避するだろう。絵を描くことによって自分を認識し、自分を高め、自分の存在を価値あるものとすること。究極的には自分の絵を自分で拝めること……それが今描いている意味であり、私の求めている絵である。

このように乗板の上で描きつつ思索し、残りの一日一日が捲り取られていった。

そして最後の18日㈰。朝から筆を執り仕事に入った。昼が過ぎ、日没となり夜へ。私はお寺の方に、「どうぞ私のことは構わないで下さい」と頼んでおいて徹夜で仕事。本堂の空気は深々と冷え込み、膠が凝《かた》まる。手元の電熱器で手や絵皿を暖めながら仕事。夜空には獅子座流星群が飛び交っていたらしい。そして曙光が射し込み朝を迎えた。私は前々から考えていた通りに、諸尊の中の自画像に最後の筆を入れた。「よく頑張ったね」と心中語りかけながら……。私は筆を擱《お》いた。

時に11月19日の午前９時半。予定通りの撮影の準備で、もう数名の方達の話し声が聞こえてきた。

5　大願成就・開眼法要

平成13年11月23日㈮、空は青く高く雲一つ無い日本晴れとなって、完成した胎蔵曼荼羅の開眼法要を祝福してくれた。

私自身はもとより、観蔵院の小峰彌彦・和子ご夫妻、同寺の檀信徒の皆様、仏画教室の生徒の皆様、その他ご縁をいただいている沢

観蔵院・小峰住職と握手

開眼法要が終わった後で。右から小峰和子夫人・著者・吉田宏哲氏（大正大学教授）・廣瀬千晃さん

山の方々が、どんなにこの日を待ち望んでいて下さったことか！　それが、かくも美しい秋空の下、実現したのである。皆様の18年に及ぶ両部曼荼羅完成の祈りが、私を励まし、力付け、暖かい支えとなって私に筆を執らせ、ここに目出たく花を咲かせたのである。

この法要の為に数多の人達が準備企画に参画され、全ては整い、各所に花々が飾られて、堂宇を荘厳している。この行事に併せて仏画・悉曇《しったん》展も開催され、力作が陳列されていた。

法要は午後３時開始の予定で、本堂の胎蔵曼荼羅は緞帳《どんちょう》に覆われているが、金剛界曼荼羅は既に幕が上げられて拝観できるようになっていた。私はこの日、朝から会う人ごとにお祝いと労《ねぎら》いのお言葉をいただいた。皆様ご自分のことのように喜んで下さっている。

午前中からご来観下さった方々と賑やかに談笑する内に、早くも時刻は午後２時頃になった。私の心は先程から騒ぎ揺れていた。

実は、開眼のパンフを送った郷里・鹿児島の私の小学５年生の時の担任・宝尺茶映子《ほうしやくさえこ》先生を待っていたのである。完成を心から喜んで下さり、ご主人ともども、はるばる上京して下さる旨お電話をいただいていた。もう20数年もお会いしていない。確か70歳は出られたはず。

「（私であることが）わからなかった！　教えられて初めてわかった。本当におめでとう！　良かった！　良かったね！」

師とは有難いものである。私達はしばらく手を握り合っていた。

また80歳で仏画を始められ、立派な作品を描き、和子夫人他大勢の人達から敬愛された土田ハルさんも来られた。90歳を越え、老人ホームから、三男様の押す車イスで。「この日の為に生きて来ました。曼荼羅の前で死んでもいい！」と。

入りきれないほどの沢山の人々が本堂に集って下さり、やがて式の開始の時刻。式衆もご入場。

金剛界の時と同じく、敬愛する作曲家ブラームスの荘重な「交響曲１番」の音楽に合わせて、五色の紐が引かれ、胎蔵曼荼羅が姿を現した。この瞬間から、私の作品でなくなり、慈雲山曼荼羅寺観蔵院の本堂の仏と化したのである。こうして発願から18年、この本堂の左右の壁に、初めて両部曼荼羅が出現した。左・右の曼荼羅はそれぞれに金色の光を放って、あたかも堂内全ての人々の、熱い心と眼差しに応えているかのように私には思われた……。

やがて音楽が変わり、それと共に、華麗で古風な装束に奇怪《きつかい》な仮面を付けた舞人が、本堂に入って来た。舞楽「抜頭《ばとう》」が、小峰住職に大正大学で教えを受けた若き仏教学者・廣瀬千晃さんによって典雅に舞われ、完成に花を添えて下さったのである。奈良時代の東大寺大仏開眼供養で、この楽が舞われたという。大唐の昔、曼荼羅が描かれた時代にも奏されていたであろう音楽と舞で、本堂の中は一段と熱気に包まれていった。

次に中央と左右の曼荼羅の前に導師が着座され、式衆（法要に参加される衆僧）により読経が始まった。中央は住職の小峰師、完成なったばかりの胎蔵曼荼羅の導師はご実兄の小峰一允師が勤められた。さらに式衆による「散華」。新しく私が描かせていただいた散華が宙を舞い交す。

続けて「感謝状」授与式。私と小峰彌彦師はガッチリと握手。夫人と共に、本当に長い間完成を待っていて下さった。感謝感謝。最後に全員で金・胎の主だった尊名の唱和……。

以上が開眼の日のご報告であるが、翌24日(土)には、同本堂にて、仏教の声明《しようみよう》・グレゴリオ聖歌・雅楽が一緒に奏され、宗教の壁を乗り越えてお互いを認め合う大切さが、つまり曼荼羅の精神が具現された。

このように、目出たく、また意義ある催しは25日迄の３日間続けられ、私は心の底から皆様と喜びを分かち合うことが出来たのである。

染《そめ》川《かわ》英《えい》輔《すけ》

1942年生。鹿児島県出身。
1965年、東京芸術大学日本画科を卒業、作品買上げとなる。
1967年、同大大学院修了と同時に、法隆寺金堂壁画復元模写に助手として参加(吉岡班)。翌年、同堂小壁画を模写。
以後、日本画家として個展などで作品を発表するかたわら、東西の古典芸術・宗教・思想を研究、特に仏教美術の研究を深める。
1984年より慈雲山曼荼羅寺観蔵院の両部曼荼羅の制作に着手、3年後に白描画を完成させた。その下図全尊に解説を付した『曼荼羅図典』(大法輪閣)が1993年に刊行され、大きな反響を呼んだ。
また1987年より彩色金剛界曼荼羅の制作に着手、8年の経過を経て、1995年に完成。翌1996年『彩色金剛界曼荼羅』(大法輪閣)を刊行。1996年より彩色胎蔵曼荼羅の制作に着手、2001年11月に完成。
現在制作と同時に、観蔵院仏画教室、読売文化センター仏画教室などで仏画の指導にあたり、さらに大正大学オープンカレッジの講師にも招かれている。
代表作に「妙見曼荼羅」(田無山総持寺)などがある。

彩色 胎蔵曼荼羅 付録＝中台八葉院

平成14年2月21日　第1刷発行©

著　者　染川英輔

発行者　石原大道

発行所　有限会社 大法輪閣

〒150-0011 東京都渋谷区東2-5-36 大泉ビル
電話03(5466)1401　振替00130-8-19

印刷所　三協美術印刷株式会社

ISBN4-8046-1180-0 C1015